SOMERSET MAUGHAM

FRENCH JOE / JOE LE FRANÇAIS
GERMAN HARRY / HARRY L'ALLEMAND
THE FOUR DUTCHMEN / LES QUATRE
HOLLANDAIS
THE BACK OF BEYOND / AU BOUT DU MONDE
MAYHEW / MAYHEW
THE END OF THE FLIGHT / LE FUYARD

Short Stories / Nouvelles

Enregistrement sur cassette

Choix, traduction et notes par Pierre NORDON
Professeur à la Sorbonne

GW00502367

PRESSES POCKET

Les langues pour tous

Collection dirigée par Jean-Pierre Berman,
Michel Marcheteau et Michel Savio

Sommaire

Professeur à la Sorbonne depuis 1967, Pierre NORDON est l'auteur d'ouvrages et d'articles concernant la littérature, la culture et l'histoire de la Grande-Bretagne (*Conan Doyle, Histoire des doctrines politiques,* etc.). Membre de l'International Association of University Professors of English, il a effectué des missions d'enseignement aux États-Unis, en Angleterre, en Allemagne, et dans plusieurs pays d'Afrique francophone. Il a représenté la France à la commission culturelle du Conseil de l'Europe et fait partie de différentes commissions scientifiques. Il a été membre du jury de l'agrégation d'anglais et dirige de nombreuses recherches doctorales.

Traducteur de Somerset Maugham et de D.H. Lawrence, il a publié récemment chez Garnier la première édition française des nouvelles complètes de cet écrivain.

© William Heinemann, Ltd, Londres, 1951
© Julliard 1982 pour la traduction
ISBN : 2 - 266 - 02536 - 8

Préface

On serait à propos de Somerset Maugham tenté de paraphraser D.H. Lawrence, et de dire : « Ne faites pas confiance à la critique mais à l'œuvre. » La critique semble en effet trop souvent dictée par cette règle tacite qu'un auteur ne saurait exceller dans plusieurs genres à la fois. Or Maugham a su nous donner le meilleur de lui-même aussi bien dans le roman que dans la nouvelle ou le théâtre.

Impossible de présenter ici un résumé biographique. Constatons simplement que l'homme réussit à vaincre des difficultés physiques (bégaiement, tuberculose), sociales (il fut homosexuel) et, à ses débuts, financières. Sa vitalité s'est traduite par des activités multiples (médecine, voyages, missions secrètes pour l'*Intelligence Service*) qu'il parvint à mener de front avec une production littéraire d'une exceptionnelle fécondité.

Ses récits doivent leur inspiration à une insatiable curiosité psychologique et à un don d'observation toujours nuancés d'un humour typiquement anglais, c'est-à-dire tout à la fois inlassable et discret. Leur contenu est donc souvent autobiographique et c'est notamment le cas pour ceux que l'on trouvera dans le présent volume. Ils furent publiés entre 1924 et 1931 et s'inspirent étroitement des observations de l'écrivain lors de ses longs voyages au cours des années vingt.

Maugham écrivait avec facilité et rapidement. Il n'était pas dans son tempérament — et il ne relève pas non plus de l'art de la nouvelle —, de « tout dire ». Il convient de solliciter l'imagination du lecteur, de faire confiance à sa sagacité, à son sens de l'humour également. De ce point de vue, le personnage de Moon dans « Au bout du monde » peut être envisagé comme un autoportrait. Seule cette nouvelle, moins brève que les cinq autres, permettait un certain approfondissement des personnages. L'emboîtement du long récit de Saffary donne ainsi au couple de Violette et de Tom une vraisemblance que vient confirmer le point de vue de Moon.

Nous sommes également sensibles à cet art de ne pas non plus tout nous dire sur certaines circonstances du récit. Que de mystères le conteur ne laisse-t-il pas subsister ! Que s'est-il passé au juste à bord du cargo hollandais ? Comment le Malais s'y est-il pris pour accéder à sa victime ? Quelles ont été les étapes de l'évolution de Mayhew ? C'est sur ces questions et sur d'autres que l'écrivain instaure avec le lecteur un dialogue imaginaire auquel le préfacier se doit ici de laisser libre cours.

Pierre NORDON

Les présentes traductions sont extraites des *Nouvelles complètes de Somerset Maugham,* publiées en 4 volumes, aux éditions Julliard.

Chronologie de Somerset Maugham

1874 (25 janvier) : naissance à Paris.

1874-1882 : petite enfance en France (Paris, Pau, Trouville).

1882 : mort de sa mère (en couches).

1884 : mort de son père (cancer).

1884-1886 : en Angleterre chez son oncle paternel. Études préparatoires à Cantorbéry.

1886-1889 : à *King's School*, école secondaire de Cantorbéry.

1889-1890 : dans le Var chez un précepteur anglais.

1890-1892 : étudiant libre en Allemagne, à Heidelberg. Lit Schopenhauer et Goethe.

1892-1897 : retour en Angleterre, étudie la médecine à *St-Thomas Hospital*, Londres.

1896 : stage de médecin accoucheur dans le quartier pauvre de Lambeth. Compose son premier roman, de facture naturaliste, *Liza of Lambeth*.

1897 : *Liza of Lambeth* publié. Renonce à la médecine et se consacre à la littérature.

1897-1902 : voyages et séjours à Séville, en Italie et surtout à Paris.

1903 : première pièce de théâtre, *A Man of Honour*.

1903-1907 : donne plusieurs comédies de boulevard, notamment *Lady Frederick et Penelope*.

1912-1914 : compose son grand roman, partiellement autobiographique, *Of Human Bondage (Servitude humaine)*.

1914 : ambulancier sur le front belge, puis à Genève pour le compte du service de renseignements.

1915 : publication de *Of Human Bondage.* Se marie, mais abandonne sa femme.

1916 : à Tahiti.

1917 : à Moscou ; mission diplomatique secrète auprès de Kerenski.

1918 : dans un sanatorium écossais (tuberculose).

1919 : publication de *The Moon and Sixpence*, inspiré par la vie du peintre Gauguin.

1920-1924 : grands voyages : Chine, Malaisie, Indochine, Australie, Indonésie, Siam, Antilles, Amérique du Sud.

1921 : représentation de *The Circle.* Premier recueil de nouvelles, *The Trembling of a Leaf.*

1922 : représentation de *East of Suez.* Publication de souvenir de voyage, *On a Chinese Screen.*

1925 : publication de *The Painted Veil* : arrière-plan chinois. Représentation de *The Letter.*

1928 : représentation de *The Sacred Flame.* S'installe à la Villa Mauresque, à Saint-Jean-Cap-Ferrat (Alpes-Maritimes).

1929 : séjour à Bornéo.

1930 : publication de *Cakes and Ale* : arrière-plan londonien du début du siècle.

1932 : représentation de *For Services Rendered.*

1933 : représentation de sa dernière pièce de théâtre, *Sheppey.*

1936 : séjour en Guyane française.

1938 : visite l'Inde. Publication de *The Summing Up,* série d'essais.

1944 : *The Razor's Edge* : odyssée spirituelle d'un jeune Américain.

1949 : publication de *A Writer's Notebook,* autobiographie littéraire.

1951 : publication des *Complete Short Stories.*

1965 : s'éteint à la Villa Mauresque.

Comment utiliser la série « Bilingue » ?

Cet ouvrage de la série « Bilingue » permet aux lecteurs :
• d'avoir accès aux versions originales de textes célèbres, et d'en apprécier, dans les détails, la forme et le fond ;
• d'améliorer leur connaissance de l'anglais, en particulier dans le domaine du vocabulaire dont l'acquisition est facilitée par l'intérêt même du récit, et le fait que mots et expressions apparaissent en situation dans un contexte, ce qui aide à bien cerner leur sens.
Cette série constitue donc une véritable méthode d'auto-enseignement, dont le contenu est le suivant :
• page de gauche, le texte en anglais ;
• page de droite, la traduction française ;
• bas des pages de gauche et de droite, une série de notes explicatives (vocabulaire, grammaire, rappels historiques, etc.).
Les notes de bas de page et la liste récapitulative à la fin de l'ouvrage aident le lecteur à distinguer les mots et expressions idiomatiques d'un usage courant et qu'il lui faut mémoriser, de ce qui peut être trop exclusivement lié aux événements et à l'art de l'auteur.
A la fin de chaque nouvelle une page de révision offre au lecteur une série de phrases types, inspirées du texte, et accompagnées de leur traduction. Il faut s'efforcer de les mémoriser.
Il est conseillé au lecteur de lire d'abord l'anglais, de se reporter aux notes et de ne passer qu'ensuite à la traduction ; sauf, bien entendu, s'il éprouve de trop grandes difficultés à suivre le texte dans ses détails, auquel cas il lui faut se concentrer davantage sur la traduction, pour revenir finalement au texte anglais, en s'assurant bien qu'il en a maintenant maîtrisé le sens.

◖◖ Un enregistrement sur cassette (une cassette de 60 mn) d'extraits de longueur et de difficultés croissantes complète cet ouvrage. Chaque extrait est suivi de questions et de réponses qui permettent de contrôler et de développer la compréhension auditive.

Prononciation

Elle est donnée dans la nouvelle transcription — Alphabet Phonétique International modifié — adoptée par A.C. GIMSON dans la 14ᵉ édition de l'*English Pronouncing Dictionary* de Daniel JONES (Dent, London).

Sons voyelles

[i:] comme dans SEAT
[I] comme dans SIT
[e] comme dans BED
[æ] comme dans CAT
[ɑ:] comme dans FATHER
[ɒ] comme dans NOT
[ɔ:] comme dans DOOR
[ʊ] comme dans PUT
[u:] comme dans MOON
[ʌ] comme dans DUCK
[ɜ:] comme dans BIRD
[ə] comme dans DOCTOR

Diphtongues

[eɪ] comme dans DAY
[əʊ] comme dans BOAT
[aɪ] comme dans MY
[aʊ] comme dans NOW
[ɔɪ] comme dans BOY
[ɪə] comme dans HERE
[eə] comme dans THERE
[ʊə] comme dans POOR

Sons consonnes

[p] comme dans POT
[b] comme dans BOY
[t] comme dans TEA
[d] comme dans DOWN
[k] comme dans CAKE
[g] comme dans GIRL
[tʃ] comme dans CHILD
[dʒ] comme dans JOY
[f] comme dans FAT
[v] comme dans VERY
[θ] comme dans THICK
[ð] comme dans THIS

[s] comme dans SEE
[z] comme dans EASY
[ʃ] comme dans SURE
[ʒ] comme dans PLEASURE
[h] comme dans HOT
[m] comme dans MOTHER
[n] comme dans NOW
[ŋ] comme dans THING
[l] comme dans LOVE
[r] comme dans RICH

Semi-consonnes
[j] comme dans YES
[w] comme dans WITH

Accentuation

' - accent unique ou principal, comme dans MOTHER (ˈmʌðə)
, - accent secondaire, comme dans PHOTOGRAPHIC [ˌfəʊtəˈgræfɪk]

Signes et abréviations utilisés dans les notes

▲	faux ami	*m. à m.*	mot à mot
⚠	attention	*part.*	participe
cf.	confer, voir	*pr.*	prononciation
contr.	contraire	*qqch*	quelque chose
ex.	exemple	*qqun*	quelqu'un
litt.	littéralement	*syn.*	synonyme

French Joe

Joe le Français

French Joe

It was Captain Bartlett who told me of [1] him. I do not think [2] that many people have been to Thursday Island. It is in the Torres Straits and is so called because it was discovered on a Thursday by Captain Cook. I went there since they told me in Sydney that it was the last place [3] God ever made. They said there was nothing to see and warned [4] me that I should probably get my throat cut [5]. I had come up from Sydney in a Japanese tramp and they put me ashore [6] in a small boat. It was the middle of the night and there was not a soul [7] on the jetty. One of the sailors who landed my kit told me that if I turned to the left I should presently come [8] to a two-storey building [9] and this was the hotel. The boat pushed off [10] and I was left alone. I do not much like being separated from my luggage, but I like still less to pass the night on a jetty and sleep on hard stones [11] ; so I shouldered a bag [12] and set out. It was pitch [13] dark. I seemed to walk much more than a few hundred yards which they had spoken of [14] and was afraid I had missed my way [15], but at last saw dimly a building which seemed to be important enough to suggest that it might be the hotel. No light showed, but my eyes by now were pretty well accustomed to the darkness and I found a door. I struck a match, but could see no bell. I knocked ; there was no reply ; I knocked again, with my stick, as loudly [16] as I could, then a window above me was opened and a woman's voice asked me what I wanted.

---

1. **to tell (told, told) of someone** : *parler de quelqu'un.*
2. **I do not think (thought, thought) that...** : m. à m. : *je ne crois pas que...*
3. **the last place...** : m. à m. : *le dernier endroit que Dieu ait jamais créé.*
4. **to warn** : *avertir, prévenir.*
5. **to get (got, got)** + part. passé : *se faire* + infinitif.
6. **ashore** : *à terre, sur la côte* (shore : *le rivage*).
7. **not a soul** : m. à m. : *pas une âme.*
8. **I should presently come** : m. à m. : *(que) j'allais bientôt arriver.*

Joe le Français

C'est le capitaine Bartlett qui m'avait parlé de lui. Thursday Island n'est pas un endroit très connu. L'île est située dans le détroit de Torres et s'appelle ainsi pour avoir été découverte un jeudi par le capitaine Cook. J'y étais allé parce que, à Sydney, des gens m'avaient dit que l'on ne pouvait rien imaginer de pire, qu'il n'y avait rien à voir, et que j'avais toutes les chances de m'y faire égorger. J'étais venu de Sydney sur un cargo japonais, d'où l'on m'avait fait accoster à bord d'une barque. C'était en pleine nuit, et il n'y avait âme qui vive sur la jetée. L'un des matelots qui m'aida à débarquer mon équipement m'indiqua la direction d'une maison d'un étage : c'était l'hôtel. La barque s'éloigna, je restai tout seul. Je n'aime guère me séparer de mes bagages, mais j'aime encore moins passer la nuit sur une jetée et dormir sur des pavés. Aussi, un sac sur l'épaule, je me mis en route dans une obscurité à couper au couteau. Le chemin me parut bien plus long que l'on ne me l'avait dit et je pensai m'être égaré, lorsque je finis par distinguer une maison de dimensions assez vastes pour être un hôtel. Il n'y avait pas de lumière, mais j'étais maintenant suffisamment habitué à l'obscurité pour découvrir la porte. Je frottai une allumette, mais je ne vis pas de sonnette. Je frappai : pas de réponse. Je frappai de nouveau à coups redoublés avec mon bâton, et une fenêtre finit par s'ouvrir au-dessus de ma tête. Une voix de femme me demanda ce que je voulais.

---

9. **a two-storey building :** *à un étage,* car en anglais le rez-de-chaussée est considéré comme le premier niveau.
10. **to push off :** *s'éloigner.* Le mouvement est exprimé par la « postposition » off.
11. **hard stones :** m. à m. : *des pierres dures.*
12. **I shouldered a bag :** m. à m. : « *j'épaulai un sac* ».
13. **pitch :** *la poix.*
14. **to speak (spoke, spoken) of :** *parler de.*
15. **to miss one's way :** *se tromper de chemin.*
16. **loudly :** *à voix forte* (**loud :** *bruyant, sonore ;* **aloud :** *à haute voix*).

"I've just got off the *Shika Maru*," I said. "Can I have a room ?"

"I'll come down."

I waited a little longer, and the door was opened by a woman in a red flannel dressing-gown. Her hair was hanging over [1] her shoulders in long black wisps [2]. In her hand she held a paraffin lamp. She greeted me warmly, a little stoutish [3] woman, with keen eyes and a nose suspiciously [4] red, and bade [5] me come in. She took me upstairs and showed me a room.

"Now you sit down," she said, "and I'll make up the bed before you can say Jack Robinson [6]. What will you 'ave ? A drop of whisky would do you good, I should think [7]. You won't want [8] to be washing at this time of night, I'll bring you a towel in the morning."

And while she made the bed she asked me who I was and what I had come to Thursday Island for [9]. She could see I wasn't a sea-faring man [10] — all the pilots came to this hotel and had done for twenty years — and she didn't know what business could have brought me. I wasn't that fellow as was coming [11] to inspect the Customs was I ? She'd 'eard they were sending someone from Sydney. I asked her if there were any pilots staying there then. Yes, there was one, Captain Bartlett, did I know him ? A queer fish [12] he was and no mistake [13].

---

1. **to hang (hung, hung)** over : *être suspendu au-dessus, surplomber, recouvrir.*
2. **a wisp of hair** : *une mèche de cheveux.*
3. **stout** : *fort, corpulent, robuste.*
4. **suspicious** : *qui inspire la suspicion.*
5. **to bid (bade** ou **bid, bidden)** : *donner un ordre.*
6. **before you can say Jack Robinson** : expression idiomatique. Équivalent de « *avant que vous ayez eu le temps de dire ouf* ».
7. **I should think** : m. à m. : « *je penserais* », c'est-à-dire à ce qu'il me semble.
8. **you won't want** : style parlé, forme contractée de "you will not want" *(vous ne désirerez pas).*

— Je débarque du *Shika Maru*. Auriez-vous une chambre ?

— Je descends.

Quelques instants plus tard, la porte s'ouvrit et une femme apparut, vêtue d'un peignoir de flanelle rouge. Elle avait de longs cheveux noirs qui lui descendaient aux épaules, et elle tenait une lampe à huile à la main. Elle était plutôt forte, petite, avec un regard perçant et un nez un peu trop rouge pour être honnête. Elle m'accueillit avec chaleur et m'introduisit. Elle me fit monter l'escalier pour me montrer une chambre.

— Asseyez-vous, dit-elle, je vais faire le lit en un rien de temps. Vous prendrez bien quelque chose ? Je crois qu'un petit whisky vous fera du bien. Pour ce qui est de la toilette, ça peut attendre ; je vous donnerai une serviette demain matin.

Et, tout en faisant le lit, elle me demanda qui j'étais, et ce que j'étais venu faire à Thursday Island. Elle avait bien remarqué que je n'étais pas de la marine. Il y avait vingt ans que tous les pilotes venaient à cet hôtel, et elle se demandait bien ce qui m'amenait là. Est-ce que, par hasard, je ne serais pas l'inspecteur des douanes ? Elle avait entendu dire qu'on en attendait un de Sydney. Je lui demandai s'il y avait en ce moment des pilotes à l'hôtel. Mais oui, le capitaine Bartlett. Est-ce que je le connaissais ? C'était vraiment un drôle de gars.

---

9. **for :** « what I had come... for » : *ce pour quoi j'étais venu*. Équivalent de "... why I had come to Thursday Island".

10. **sea-faring man :** to fare = *vivre, se porter*. Cf. "farewell", litt. « *portez-vous bien* », c'est-à-dire « *adieu* ».

11. **that fellow <u>as</u> was coming :** expression populaire. L'anglais châtié exigerait "who was coming".

12. **a queer fish** (« *un drôle de poisson* ») : *un drôle de pistolet*.

13. **and no mistake :** m. à m. : *pas d'erreur*.

Hadn't got a hair on his head, but the way he could put his liquor [1] away, well, it was a caution. There, the bed was ready and she expected I'd sleep like a top [2] and one thing she could say [3] was, the sheets were clean. She lit the end of a candle and bade me good night.

Captain Bartlett certainly was a queer fish, but he is of no moment [4] to my present purpose ; I made his acquaintance at dinner next day — before I left Thursday Island I had eaten turtle soup so often that I have ceased to look upon [5] it as a luxury — and it was because in the course of conversation I mentioned that I spoke French that he asked me to go and see French Joe.

"It'll be a treat [6] to the old fellow to talk his own lingo for a bit. He's ninety-three, you know."

For the last two years, not because he was ill but because he was old and destitute, he had lived in the hospital and it was here that I visited him. He was lying in bed, in flannel pyjamas much too large for him, a little shrivelled [7] old man with vivacious eyes, a short white beard, and bushy [8] black eyebrows. He was glad to speak French with me, which he spoke with the marked accent of his native isle, for he was a Corsican [9], but he had dwelt so many years among English-speaking people [10] that he no longer spoke his mother tongue with accuracy. He used English words as though they were French, making verbs of them with French terminations.

---

1. **liquor** : *toute boisson alcoolisée*. To put (put, put) **away** (à propos d'aliments) : *ingurgiter*.
2. **a top** : *une toupie* (allusion au ronflement de la toupie).
3. **one thing she could say was...** : le narrateur adopte le style populaire du personnage (m. à m. : *une chose qu'elle pouvait dire, c'était que...*).
4. **of no moment** : m. à m. : « *d'aucune incidence, d'aucun poids* ».
5. **to look upon** : *considérer (avoir une opinion)*. Mais, considérer au sens de « *avoir de la considération pour* » : to look up to.
6. **a treat** : *une chose qui procure un plaisir particulier* (cf. Fr. *un traiteur*).

16

Pas un poil sur le caillou, mais pour ce qui était de la descente, alors là, rien à dire. Voilà, le lit était prêt, j'allais dormir comme un loir, et, en tout cas, les draps étaient propres. Elle alluma un reste de bougie et me souhaita bonne nuit.

Oui, le capitaine Bartlett était bien un drôle de gars, mais ce n'est pas de lui qu'il s'agit. Je fis sa connaissance le lendemain au dîner. Incidemment, quand je quittai Thursday Island, j'avais tellement mangé de soupe à la tortue que, maintenant, je ne considère plus ce plat comme un luxe. Dans le cours de la conversation je lui dis que je savais parler le français, et voilà pourquoi il me demanda d'aller voir Joe le Français.

— Le vieux sera rudement content de parler son jargon ! Il a quatre-vingt-treize ans, vous savez !

Il y avait deux ans qu'il vivait à l'hôpital, non parce qu'il était malade, mais parce qu'il était vieux et sans ressources. Quand je lui rendis visite, il reposait sur son lit, vêtu d'un pyjama bien trop grand pour lui. C'était un petit vieillard tout ridé et tout recroquevillé, aux yeux vifs, avec une barbichette blanche et d'épais sourcils noirs. Il était heureux de parler français avec moi. Originaire de Corse, il en avait gardé l'accent, mais il vivait depuis si longtemps au milieu de gens qui parlaient anglais qu'il avait des difficultés à s'exprimer. Il lui arrivait de prendre des mots anglais pour des mots français, et d'en faire des verbes avec des terminaisons françaises.

---

7. **shrivelled :** *flétri comme une pomme qui se dessèche.*
8. **bushy :** de **bush**, *un buisson.*
9. **Corsican :** *un Corse. La Corse :* **Corsica.**
10. **English-speaking people :** m. à m. : *les gens parlant anglais.*

He talked very quickly, with broad gestures [1], and his voice for the most part was clear and strong ; but now and then it seemed suddenly to fade away [2] so that it sounded as though he spoke from the grave. The hushed and hollow sound [3] gave me an eerie [4] feeling. Indeed I could not look upon him still as of this world. His real name was Joseph de Paoli. He was a nobleman and a gentleman. He was of the same family as the general we have all read of [5] in Boswell's Johnson, but he showed no interest in his famous ancestor.

"We have had so many generals in our family," he said. "You know, of course, that Napoleon Bonaparte was a connexion [6] of mine. No, I have never read Boswell. I have not read books. I have lived."

He had entered the French army in 1851. Seventy-five years ago. It is terrifying [7]. As a lieutenant of artillery ("like my cousin Bonaparte," he said) he had fought the Russians in the Crimea and as a captain the Prussians in 1870. He showed me a scar on his bald pate [8] from an Uhlan's lance and then with a dramatic gesture told how he had thrust his sword in the Uhlan's body with such violence that he could not withdraw it [9]. The Uhlan fell dead and the sword remained in the body. But the Empire perished and he joined the communists [10]. For six weeks he fought against the government troops [11] under Monsieur Thiers.

---

1. **broad gestures :** *des gestes larges* (contr. **narrow :** *étroit*).

2. **to fade away :** *disparaître lentement, s'effacer, s'estomper.*

3. **hushed :** *assourdi, peu audible.* **Hollow :** *creux, qui sonne creux.*

4. **eerie :** *à la fois surnaturel et macabre.*

5. **to read (read, read) of :** « *lire au sujet de* », *apprendre par la lecture.* Cf. **to hear** of : « *entendre au sujet de* » = *apprendre par ouï-dire.*

6. **connexion** (ou **connection**) **:** *un parent assez éloigné.*

7. **it is terrifying :** m. à m. : « *c'est terrifiant* » (sous-entendu : *de songer que Joe avait vécu à cette époque lointaine*).

Il parlait très vite, avec de grands gestes, et il avait conservé une voix claire et bien timbrée. A de rares moments, toutefois, celle-ci s'assourdissait et vous donnait l'impression de venir d'outre-tombe. Cela me produisait une étrange sensation, et j'avais alors du mal à le rattacher au monde des vivants. Son véritable nom était Joseph de Paoli. Il était d'une famille noble, et apparenté au général dont Boswell parle dans sa *Vie de Johnson*, mais il ne témoignait d'aucun intérêt à l'égard de son illustre ancêtre.

— Il y a eu tant de généraux dans la famille ! Vous savez, naturellement, que Napoléon Bonaparte était un de mes petits-cousins. Non, je n'ai jamais lu Boswell. Je n'ai pas lu de livres, j'ai vécu !

Il était entré dans l'armée française en 1851 : cela faisait soixante-quinze ans ! Incroyable ! Lieutenant d'artillerie — « comme mon cousin Bonaparte », disait-il — il s'était battu contre les Russes en Crimée, puis, promu capitaine, contre les Prussiens en 1870. Sur son crâne chauve, il me fit voir la cicatrice qu'il gardait du coup de lance d'un Uhlan, et, d'un geste théâtral, il me montra comment il avait transpercé le Uhlan de son sabre, avec tant de violence qu'il n'avait pu lui retirer l'arme du corps. Le Uhlan succomba et garda le sabre. Mais l'Empire s'écroula, et Paoli prit part à la Commune. Pendant six semaines il se battit contre les troupes régulières de Monsieur Thiers.

---

8. **bald pate :** *la calvitie* (les deux mots sont indissociables).
9. **to withdraw (withdrew, withdrawn) :** *retirer, extraire* (transitif ou pronominal).
10. **the communists :** ici, il s'agit des « *communards* ».
11. **the government troops :** *les troupes gouvernementales.*

To me Thiers is but a shadowy figure, and it was startling and even a trifle [1] comic to hear French Joe speak with passionate hatred of a man who has been dead for half a century [2]. His voice rose into [3] a shrill scream as he repeated the insults, Oriental [4] in their imagery, which in the council he had flung at the head of this mediocre statesman. French Joe was tried [5] and sentenced to five years in New Caledonia.

"They should have shot me," he said, "but, dirty cowards [6], they dared not."

Then came the long journey in a sailing vessel, and the antipodes, and his wrath [7] flamed out again when he spoke of the indignity thrust upon [8] him, a political prisoner, when they herded [9] him with vulgar criminals. The ship put [10] in at Melbourne, and one of the officers, a fellow-Corsican [11], enabled him to slip over the side. He swam ashore and, taking his friend's advice [12], went straight to the police-station. No one there could understand a word [13] he said, but an interpreter was sent for [14], his dripping papers were examined, and he was told that so long as he did not set foot on a French ship he was safe.

"Freedom," he cried to me. "Freedom."

Then came a long series of adventures. He cooked [15], taught French, swept streets, worked in the gold mines, tramped, starved, and at last found his way [16] to New Guinea.

---

1. **a trifle** + adjectif prend une valeur adverbiale. Ex. I feel a trifle sorry for him : *J'ai un peu de peine pour lui.*
2. **who has been dead for half a century** = who died half a century ago.
3. **to rise (rose, risen)** <u>into</u> : *se transformer* (into) en augmentant (rise).
4. **oriental** : *sens figuré,* donc « épicé ».
5. **to try :** 1) *essayer ;* 2) *juger devant un tribunal.* A trial : *un procès.* To sentence : *infliger une peine.*
6. **dirty cowards :** m. à m. : « *sales poltrons* ».
7. **wrath :** *le courroux, la fureur* (The Grapes of wrath : *les Raisins de la colère*).
8. **to thrust (thrust, thrust) :** *imposer brutalement.* Ne pas confondre avec to trust (trust, trust) : *avoir confiance en.*
9. **to herd :** *mener comme du bétail* (cf. **shepherd,** *le berger*).

Celui-ci n'est guère qu'un nom pour moi, de sorte que je trouvais singulier et même un peu comique de voir Joe le Français parler avec autant de passion d'un homme qui était mort depuis un demi-siècle. D'un ton strident, il répétait les insultes plutôt épicées dont il avait abreuvé ce médiocre homme d'État lors du procès des communards. Joe le Français avait été condamné à cinq ans de travaux forcés en Nouvelle-Calédonie.

— Ils auraient dû me fusiller, mais ces lavettes n'en avaient pas eu le courage.

Puis ç'avait été le long voyage maritime aux antipodes et, évoquant l'indignité des conditions de détention, où condamnés politiques étaient traités comme des condamnés de droit commun, sa colère se ranimait encore. A l'escale de Melbourne, l'un des officiers, lui aussi originaire de Corse, l'avait laissé sauter par-dessus bord. Il avait gagné la côte à la nage et, comme le lui avait conseillé son ami, il s'était rendu directement au poste de police. Personne ne comprit un mot de son histoire, mais, un interprète ayant été trouvé, on examina ses papiers ruisselants d'eau et on lui donna l'assurance que, aussi longtemps qu'il s'abstiendrait de mettre le pied sur un bateau français, il n'aurait rien à craindre.

— La liberté, s'écria-t-il, la liberté !

Puis ce furent toutes sortes d'aventures. Il fut, tour à tour, cuisinier, professeur de français, balayeur, ouvrier dans les mines d'or, vagabond sur le point de mourir de faim, jusqu'au jour où il finit par se retrouver en Nouvelle-Guinée.

---

10. **to put (put, put) <u>in</u>** : *faire escale* (navire).
11. **fellow-Corsican** : *un compatriote natif de Corse* (cf. **fellow-man** : *un semblable ;* **fellow-traveller** : *compagnon de voyage ;* **bed-fellow** : *compagnon de lit ;* **school-fellow** : *condisciple*).
12. **to take (took, taken) someone's advice** : *prendre le conseil de qqn.*
13. **not a word** : *pas un seul mot.*
14. **to send (sent, sent) <u>for</u>** : *envoyer chercher (qqch, qqn).*
15. **to cook** : *faire la cuisine* ou *mijoter (sens figuré).*
16. **found his way** : m. à m. : *« trouva son chemin »* (notion de difficulté ou de risque).

Here he underwent the most astonishing of his experiences, for drifting into [1] the savage interior, and they [2] are cannibals there still, after a hundred desperate adventures and hair-breadth escapes [3] he made himself king of some wild tribe.

"Look at me, my friend," he said, "I who lie here on a hospital bed, the object of charity, have been monarch of all I surveyed [4]. Yes, it is something to say that I have been a king."

But eventually he came into collision with the British, and his sovereignty passed from him [5]. He fled the country and started life once more. It is clear that he was a fellow of resource for eventually [6] he came to own a fleet of pearling luggers on Thursday Island. It looked as though [7] at last he had reached a haven of peace and, an elderly man now, he looked forward to [8] a prosperous and even respectable old age. A hurricane destroyed his boats and ruin fell upon him [9]. He never recovered. He was too old to make a fresh start [10], and since then had earned as best he could a precarious livelihood till at last, beaten, he had accepted the hospital's kindly shelter.

"But why did you not go back to France or Corsica ? An amnesty was granted to [11] the communists a quarter of a century ago."

"What are France and Corsica to me after fifty years ? A cousin of mine seized my land. We Corsicans never forget and never forgive. If I had gone back I should have had to kill him. He had his children."

"Funny old [12] French Joe," smiled the hospital nurse who stood at the end of the bed.

---

1. **to drift** : *dériver, s'écarter de son itinéraire.*
2. **they** = **people** (forme familière).
3. **hair-breadth escapes** : *il s'en était fallu d'un cheveu* (breadth : *l'épaisseur*).
4. **monarch of all I surveyed** : m. à m. : *monarque de tout ce que mon regard embrassait.*
5. **to pass from** : *échapper doucement à.*
6. **eventually** : *finalement.*
7. **it looks as though** (ou as if) : *on dirait que.*

Là, ce furent de nouvelles aventures, les plus extraordinaires de sa carrière, car, s'étant perdu dans les profondeurs de l'intérieur, où subsiste le cannibalisme, au terme de mille et une tribulations, il était devenu le roi d'une tribu primitive.

— Regardez-moi, mon ami : me voici sur un lit d'hôpital, objet de la charité publique, après avoir été le plus absolu des monarques. Ce n'est pas rien que d'avoir été roi !

Mais la venue des Britanniques avait provoqué sa déchéance. Il s'était enfui pour recommencer de nouveau sa vie. Il avait dû posséder une ingéniosité exceptionnelle, car il était devenu propriétaire d'une flottille de barques perlières à Thursday Island. Son avenir semblait enfin s'éclaircir et il pouvait envisager de vivre ses vieux jours dans la tranquillité, quand un cyclone avait détruit ses bateaux et tous ses projets. Il ne s'en était pas remis. Trop vieux désormais pour recommencer, il s'était, depuis lors, contenté de vivoter de son mieux, pour, finalement, accepter d'être recueilli à l'hôpital.

— Mais pourquoi ne pas être retourné en France ou en Corse ? Il y a vingt-cinq ans que les communards ont été amnistiés.

— Que sont pour moi la France et la Corse après cinquante ans d'absence ? Un de mes cousins s'est approprié mes terres. Nous autres, Corses, ne connaissons ni l'oubli ni le pardon. Si j'étais retourné là-bas, il fallait que je le tue. Et il avait des enfants.

— Sacré vieux Joe, dit en souriant l'infirmière qui se tenait à l'extrémité du lit.

---

8. **to look forward to** : *se réjouir à l'avance de qqch.*
9. **ruin fell (to fall, fell, fallen) upon him** : *le désastre s'abattit sur lui.*
10. **a fresh** (et non pas : **a new**) **start** : *prendre un nouveau départ, repartir du bon pied.*
11. **to grant** : *accorder* (une faveur, une distinction, etc.).
12. **funny old** : terme affectueux dans lequel « **old** » ne fait pas nécessairement allusion à l'âge de la personne.

"At all events [1] you have had a fine life," I said.

"Never. Never. I have had a frightful life. Misfortune [2] has followed me wherever I turned my steps and look at me now : I am rotten, fit for nothing but [3] the grave. I thank God that I had no children to inherit the curse [4] that is upon me."

"Why [5], Joe, I thought you didn't believe in God," said the nurse.

"It is true. I am a sceptic. I have never seen a sign that there is in the scheme of things [6] an intelligent purpose. If the universe is the contrivance [7] of some being, that being can only be a criminal imbecile [8]." He shrugged his shoulders. "Anyhow, I have not got much longer [9] in this filthy world and then I shall go and see for myself what is the real truth of the whole business."

The nurse told me it was time to leave the old man and I took his hand to bid him farewell [10]. I asked him if there was anything I could do for him.

"I want nothing," he said. "I only want to die." His black shining eyes twinkled [11]. "But meanwhile I should be grateful for a packet of cigarettes."

---

1. **at all events :** *en tout état de cause.* **An event** = *un événement.*

2. **misfortune :** *le malheur, les tribulations.*

3. **fit fort nothing but :** m. à m. : « *bon à rien d'autre sinon* ».

4. **curse :** *une malédiction.* **To curse :** *maudir.* **To bless :** *bénir ;* **a blessing :** *une bénédiction.*

5. **why :** *eh bien...* (ne pas confondre avec le **why** interrogatif).

6. **the scheme of things :** m. à m. : « *la structure des choses* ».

7. **contrivance** (de **to contrive :** *concevoir, fabriquer*) : *l'invention, la manigance.*

— En tout cas, fis-je, vous avez bien vécu !

— Jamais de la vie ! J'ai eu une existence atroce. La chance ne m'a jamais souri, et voyez où j'en suis : pourri, au bord du tombeau. Dieu merci, je n'ai pas d'enfants et personne n'héritera de la malédiction qui pèse sur moi.

— Mais, Joe, je pensais que vous ne croyiez pas en Dieu ! dit l'infirmière.

— C'est vrai, j'ai mes doutes. Je n'ai jamais aperçu le moindre indice d'une intention intelligente dans l'ordre de notre univers. Si le monde est l'œuvre d'un être quelconque, cet être est à l'évidence un imbécile criminel. Il haussa les épaules. De toute façon, je n'en ai plus pour longtemps de cette chienne de vie et j'irai voir alors de quoi il retourne.

L'infirmière me dit que l'heure de quitter le vieillard était venue. Je lui dis adieu, et lui serrai la main. Je lui demandai si je pouvais lui rendre quelque service.

— Je n'ai besoin de rien. Je n'ai besoin que de mourir.

Son regard noir brilla un instant.

— Mais, ajouta-t-il, en attendant un paquet de cigarettes me ferait plaisir.

---

8. **an imbecile :** a toujours le sens fort de « faible d'esprit», « attardé mental ». Mais « *quel imbécile !* » comme invective correspond à l'anglais **"What fool !"**

9. **much longer :** *beaucoup plus longtemps* (sous-entendu to live).

10. **to bid (bid** ou **bade, bidden) farewell :** *prendre congé, souhaiter bonne chance.*

11. **to twinkle :** *scintiller* (une étoile, une pierre précieuse). **In the twinkle of an eye :** *en un clin d'œil* (rapidement). Mais, au sens propre, « *un clin d'œil* » = a wink. *Faire un clin d'œil :* to wink. *Cligner des yeux lorsqu'on est ébloui :* to blink.

Révisions

1. C'est le capitaine Bartlett qui m'avait parlé de lui.
2. Je craignais de m'être égaré.
3. J'étais apparenté à Bonaparte.
4. Il était entré dans l'armée en 1851.
5. Le navire fit escale à Melbourne.
6. On envoya chercher un interprète.
7. Il était trop vieux pour recommencer à zéro.
8. Il y a vingt-cinq ans on accorda une amnistie aux communards.
9. Une voix de femme me demanda ce que je voulais.
10. Il haussa les épaules.
11. Je lui demandai si je pouvais lui rendre quelque service.
12. Un paquet de cigarettes me ferait plaisir.

1. It was Captain Bartlett who told me of him.
2. I was afraid I had missed my way.
3. Bonaparte was a connexion of mine.
4. He had entered the army in 1851.
5. The ship put in at Melbourne.
6. An interpreter was sent for.
7. He was too old to make a fresh start.
8. An amnesty was granted to the communists a quarter of a century ago.
9. A woman's voice asked me what I wanted.
10. He shrugged his shoulders.
11. I asked him if there was anything I could do for him.
12. I should be grateful for a packet of cigarettes.

German Harry

Harry l'Allemand

German Harry

I was in Thursday Island and I wanted very much
to go to New Guinea. Now [1] the only way in which I
could do this was by getting a pearling lugger to take
me across the Arafura Sea. The pearl fishery at that
time was in a bad way [2] and a flock of neat little craft
lay anchored in the harbour. I found a skipper with
nothing much to do (the journey to Merauke and back
could hardly take [3] him less than a month) and with
him I made the necessary arrangements. He engaged
four Torres Straits islanders as crew (the boat was but
nineteen tons) and we ransacked the local store for
canned goods [4]. A day or two before I sailed a man
who owned a number of pearlers came to me and
asked whether on my way I would stop at the island
of Trebucket and leave a sack of flour, another of
rice, and some magazines for the hermit who lived
there.

I pricked up my ears [5]. It appeared that the hermit
had lived by himself on this remote and tiny island
for thirty years, and when opportunity occurred
provisions were sent to him by kindly souls [6]. He said
that he was a Dane, but in the Torres Straits he was
known as German Harry. His history went back a
long way [7]. Thirty years before, he had been an able
seaman [8] on a sailing vessel that was wrecked in
those treacherous waters [9]. Two boats managed to get
away [10] and eventually hit upon [11] the desert island of
Trebucket.

---

1. **now :** or (ne pas confondre avec l'adverbe de temps
signifiant « maintenant »).
2. **to be in a bad way :** être dans une mauvaise passe,
péricliter.
3. **could hardly take :** m. à m. : ne pouvait guère prendre
(durer).
4. **canned goods :** denrées en conserve (to can : mettre
en boîte ; a can : une boîte de fer-blanc).
5. **to prick up (one's ears) :** m. à m. : dresser l'oreille.
6. **kindly souls :** m. à m. : des âmes bienveillantes.
7. **to go (went gone) back a long way :** remonter à un
temps très lointain.

Harry l'Allemand

Me trouvant à Thursday Island, j'avais très envie d'aller en Nouvelle-Guinée. La seule manière de m'y rendre consistait à trouver un perlier qui me ferait traverser la mer d'Arafura. La pêche des perles était alors en pleine crise, et une nuée de petites barques demeurait ancrée au port. Je découvris un patron de bateau qui n'avait pas grand-chose à faire. Le voyage jusqu'à Merauke, et retour, lui prendrait un bon mois, et nous nous mîmes d'accord. Il engagea quatre insulaires comme hommes d'équipage — son bateau ne jaugeait que dix-neuf tonneaux — et nous achetâmes tout le stock de conserves de la boutique locale. Un jour ou deux avant mon départ, un homme qui possédait un certain nombre de perliers vint me demander s'il me serait possible de faire une petite escale dans l'île de Trebucket afin d'y déposer un sac de farine, un sac de riz et quelques illustrés pour l'ermite de l'endroit.

Ma curiosité fut piquée, et c'est ainsi que j'appris que cet ermite vivait seul sur cet îlot lointain, depuis une trentaine d'années. Quand l'occasion se présentait, on demandait à un voyageur complaisant de lui porter des vivres. L'homme se disait danois, mais dans la région il était connu comme Harry l'Allemand. C'était une longue histoire. Trente ans auparavant, il avait été simple matelot sur un voilier qui avait sombré en heurtant un récif. Deux canots de sauvetage avaient réussi à atteindre Trebucket.

---

8. **an able seaman :** *un matelot non gradé* (*un mousse : a ship's boy*).
9. **those treacherous waters :** *ces eaux traîtresses.*
10. **to get (got, got) away :** *s'échapper, s'enfuir, s'évader.*
11. **to hit (hit, hit) upon :** *arriver sur* (par hasard). I just hit upon Smith : *je suis tombé sur Smith.* **To hit upon the right word :** *trouver le mot juste.*

This is well out of the line of traffic and it was three years before any ship sighted [1] the castaways [2]. Sixteen men had landed on the island, but when at last a schooner, driven from her course [3] by stress of weather [4], put in for shelter, no more than five were left. When the storm abated [5] the skipper took four of these on board and eventually landed them at Sydney. German Harry refused to go with them. He said that during those three years he had seen such terrible things that he had a horror of his fellow-men [6] and wished never to live with them again. He would say no more. He was absolutely fixed in his determination [7] to stay, entirely by himself, in that lonely place. Though now and then [8] opportunity had been given him to leave he had never taken it.

A strange man and a strange story. I learned more about him as we sailed across the desolate sea. The Torres Straits are peppered [9] with islands and at night we anchored on the lee [10] of one or other of them. Of late [11] new pearling grounds have been discovered near Trebucket, and in the autumn pearlers, visiting it now and then, have given German Harry various necessities so that he has been able to make himself sufficiently comfortable. They [12] bring him papers, bags of flour and rice, and canned meats. He has a whale boat and used to go fishing in it, but now he is no longer strong enough to manage its unwieldy bulk [13].

---

1. **to sight :** *repérer* (sight : *la vue*).
2. **castaway :** *un naufragé* (an outcast : *un exclu, un réprouvé*).
3. **driven (to drive, drove, driven) from her course :** m. à m. : *dévié de son itinéraire.* En anglais au féminin ("her course") car les navires sont personnifiés au féminin.
4. **stress of weather :** m. à m. : *la pression du temps* (du mauvais temps).
5. **to abate :** *se calmer* (orage, tempête).
6. **his fellow-men :** *ses semblables.* Cf. **fellow-countryman.**
7. **fixed in his determination :** m. à m. : *fixé (retranché) dans sa détermination.*
8. **now and then :** *de temps à autre.*

Comme l'île est à l'écart des voies de navigation, trois années s'écoulèrent avant qu'un bateau ne repère les naufragés. Seize hommes avaient débarqué sur l'île, mais lorsque, poussé par la tempête, un schooner finit par s'y réfugier, il n'en restait plus que cinq. Une fois la tempête calmée, le capitaine en prit quatre à bord et les débarqua à Sydney. Harry l'Allemand refusa de les suivre. Il disait avoir vu tellement d'horreurs au cours de ces trois années que la société de ses semblables lui était devenue insupportable. Il désirait vivre en solitaire et refusait d'en dire davantage. Sa décision de rester seul sur cet îlot perdu était inébranlable. De loin en loin, l'occasion de s'en échapper s'était bien présentée à lui, mais il n'avait jamais voulu en profiter.

Un étrange individu et une bien étrange histoire. J'en appris davantage sur son compte au cours de notre traversée sur ces eaux désolées. Les détroits de Torres sont parsemés d'îlots où, la nuit, nous abordions sous le vent. On avait récemment découvert des zones perlières près de Trebucket, et, en automne, des pêcheurs de passage ont apporté à Harry de quoi améliorer le confort de son existence. On lui remet des journaux, des sacs de farine et de riz, des conserves de viande. Il a une baleinière et il s'en servait pour aller à la pêche, mais aujourd'hui il n'est plus assez robuste pour la manœuvrer, car elle est très lourde.

---

9. **peppered :** sens figuré ; de **pepper,** *le poivre.*
10. **the lee :** *sous le vent.*
11. **of late :** *récemment* (syn. : **lately**).
12. **they :** valeur impersonnelle (= **people**).
13. **to manage its unwieldy bulk :** m. à m. : *pour manier son encombrant volume.*

There is abundant pearl shell [1] on the reef that surrounds his island and this he used to collect and sell to the pearlers for tobacco, and sometimes he found a good pearl for which he got a considerable sum. It is believed [2] that he has, hidden away somewhere, a collection of magnificent pearls. During the war no pearlers came out and for years he never saw [3] a living soul. For all he knew [4], a terrible epidemic had killed off the entire human race and he was the only man alive. He was asked later what he thought.

"I thought something had happened," he said.

He ran out of [5] matches and was afraid that his fire would go out, so he only slept in snatches [6], putting wood on his fire from time to time all day and night. He came to the end of his provisions and lived on chickens, fish, and coconuts. Sometimes he got a turtle.

During the last four months of the year there may be two or three pearlers about and not infrequently [7] after the day's work they will row in and spend an evening with him. They try to make him drunk and then they ask him what happened during those three years after the two boat-loads [8] came to the island. How was it that sixteen landed and at the end of that time only five were left ? He never says a word [9]. Drunk or sober [10] he is equally silent on that subject and if they insist grows angry and leaves them.

---

1. **abundant pearl shell :** au singulier car **pearl shell** (*coquille de nacre*) est envisagé comme un matériau collectif.

2. **it is believed :** *on croit* (belief : *la croyance*).

3. **he never saw (to see, saw, seen) :** *pas une fois il ne vit.*

4. **for all he knew (to know, knew, known) :** m. à m. : *pour tout ce qu'il savait,* c'est-à-dire *dans la mesure de son savoir.*

5. **to run (ran, run) out of something :** *épuiser ses réserves, en venir à manquer de.*

6. **snatch :** *une bribe.*

7. **not infrequently :** double négation. Cet effet de style illustre le caractéristique "**understatement**" anglais (dire le « moins » pour exprimer le « plus »).

Les huîtres perlières sont abondantes dans le récif qui entoure l'île, et Harry les ramassait pour les vendre aux perliers. Il pouvait ainsi s'acheter du tabac. Il lui arrivait parfois de trouver une belle perle, dont il tirait une somme considérable. On pense qu'il possède, soigneusement cachée, une collection de perles magnifiques. Pendant la guerre, comme les perliers avaient cessé de venir, il ne vit âme qui vive. Tout se passait comme si l'humanité entière avait été victime d'une terrible épidémie, et comme s'il était lui-même le dernier survivant. On lui demanda plus tard ce qu'il avait cru.

— J'ai pensé qu'il s'était passé quelque chose, dit-il.

Sa provision d'allumettes s'épuisa, et il craignit de voir son feu s'éteindre. Aussi ne dormait-il plus régulièrement afin de pouvoir, jour et nuit, remettre du bois sur le foyer. Une fois ses conserves terminées, il se nourrit seulement de poulets, de poissons et de noix de coco. De temps à autre il trouvait une tortue.

Pendant les quatre derniers mois de l'année, il arriva qu'il y ait deux ou trois barques de pêcheurs dans les parages et que ces derniers viennent passer une soirée avec lui. Ils le font boire, afin de lui faire dire ce qui s'est passé pendant les trois années qui ont suivi l'arrivée des deux chaloupes. Pourquoi, sur les seize hommes, cinq seulement ont-ils survécu ? Il reste muet comme une carpe. La boisson ne lui délie pas la langue, et si l'on insiste, il se fâche et s'en va.

---

8. **boat-load** (ou **boatful**) : *une « batelée »* ou *un plein bateau* (de personnes), donc dans ce contexte *une chaloupe*.
9. **he never says** a **word** : *jamais il ne dit un seul mot*.
10. **sober** : non pas *« sobre »*, mais *qui n'est pas*, ou *qui n'est plus sous l'effet de l'alcool*. *Être sobre* : **to be a light eater** *(manger sobrement)*. **Drunk** : *ivre*.

I forget if it was four or five days before we sighted [1]
the hermit's little kingdom. We had been driven by [2]
bad weather to take shelter and had spent a couple
of days at an island on the way. Trebucket is a low
island, perhaps a mile round, covered with coconuts,
just raised above the level of the sea and surrounded
by a reef so that it can be approached [3] only on one
side. There is no opening [4] in the reef and the lugger
had to anchor [5] a mile from the shore. We got into a
dinghy with the provisions. It was a stiff pull [6] and
even within the reef the sea was choppy [7]. I saw the
little hut, sheltered by [8] trees, in which German Harry
lived, and as we approached he sauntered down
slowly to the water's edge. We shouted a greeting,
but he did not answer. He was a man of over seventy [9],
very bald, hatchet-faced, with a grey beard, and he
walked with a roll [10] so that you could never have
taken him for anything but a sea-faring man. His
sunburn made his blue eyes look very pale and they
were surrounded by wrinkles as though for long years
he had spent interminable hours scanning the vacant
sea [11]. He wore dungarees and a singlet, patched, but
neat and clean. The house to which he presently led
us [12] consisted of a single room with a roof of
corrugated iron. There was a bed in it, some rough
stools which he himself had made, a table, and his
various household utensils. Under a tree in front of it
was a table and a bench. Behind was an enclosed
run [13] for his chickens.

---

1. **to sight** = to come in sight of : *repérer, arriver en vue
de*.
2. **to be driven (drive, drove, driven) by** : *être poussé,
être réduit à*. You will drive me mad : *tu me rendras fou
(ou folle)*.
3. **to approach** : *aborder* ou *s'approcher de. Aborder un
sujet, une question, entrer en matière* : to broach a subject.
4. **an opening** : *une ouverture*.
5. **to anchor** : *jeter l'ancre. Lever l'ancre* : to draw (drew,
drawn) the anchor.
6. **stiff pull** : stiff : *raide, dur, empesé ; pénible, ardu*.
Pull (de to pull : *tirer*) ; *le fait de tirer, de lutter*.
7. **choppy** : *agitée, remuante*. To chop : *hacher en menus
morceaux*. Cf. **mutton chops** : *côtelettes de mouton, car*

Je ne me rappelle plus s'il nous fallut quatre jours ou cinq avant de nous trouver en vue du petit royaume de l'ermite. Le mauvais temps nous avait obligés à chercher un abri dans une île, et nous y étions restés deux jours. Trebucket est une île basse, d'environ un mille de circonférence, plantée de cocotiers, émergeant à peine de l'eau et entourée d'une ceinture de récifs, de sorte qu'elle n'est accessible que d'un seul côté. Il n'y a pas de passage suffisant pour un gros caboteur et nous dûmes jeter l'ancre à un mille du rivage. Nous prîmes place à bord d'un canot avec des provisions, et il nous fallut ramer vigoureusement car, même dans la ceinture de récifs, la mer était agitée. J'aperçus la petite case de Harry l'Allemand, derrière son rideau d'arbres. En nous voyant approcher, il vint à notre rencontre en sautillant jusqu'à la plage. Il ne répondit pas à nos saluts. Il pouvait avoir soixante-dix ans pour le moins. Il était complètement chauve, avec un visage taillé à la serpe, une barbe grisonnante et marchait d'une démarche chaloupée, très caractéristique. Le hâle de son teint faisait ressortir la pâleur de ses yeux bleus, cernés d'une myriade de rides, comme s'il avait passé des milliers d'heures à scruter l'horizon. Il portait une culotte de toile et un maillot de corps tout rapiécé, mais parfaitement propre. Il nout fit les honneurs de sa demeure qui comportait une simple pièce recouverte d'un toit de tôle ondulée. Pour tout mobilier il y avait un lit, des tabourets qu'il avait construits lui-même, une table et différents ustensiles. A l'extérieur, il y avait une table et un banc à l'ombre d'un arbre et, derrière, un poulailler.

---

elles ont été séparées les unes des autres par le hachoir (chopper).

8. **to shelter :** *abriter.* **A shelter :** *un refuge, un abri.*

9. **over seventy :** *plus de soixante-dix ans.* **Over** est employé de préférence à **more** quand il est question de mesures (âge, distance, poids, etc.).

10. **a roll :** *un roulis. Le tangage :* the pitch.

11. **scanning the vacant sea :** to scan : *observer minutieusement, déchiffrer.* **Vacant :** *vide* (on emploiera **empty** lorsqu'il s'agit d'un contenant. Ex. : **an empty bottle, an empty room, an empty box**).

12. **to which he presently led (to lead, led, led) us :** m. à m. : *vers laquelle il nous conduisit immédiatement.*

13. **a chicken run :** *un poulailler.*

I cannot say that he was pleased to see us. He accepted our gifts as a right, without thanks, and grumbled a little because something or other [1] he needed had not been brought. He was silent and morose. He was not interested in the news we had to give him, for the outside world was no concern of his [2] : the only thing he cared about [3] was his island. He looked upon it with a jealous, proprietary right ; he called it "my health resort" and he feared that the coconuts that covered it would tempt some enterprising trader. He looked at me with suspicion. He was sombrely [4] curious [5] to know what I was doing in these seas. He used words with difficulty, talking to himself rather than to us, and it was a little uncanny [6] to hear him mumble away [7] as though we were not there. But he was moved when my skipper told him that an old man of his own age whom he had known for a long time was dead.

"Old Charlie dead — that's too bad. Old Charlie dead."

He repeated it over and over again. I asked him if he read.

"Not much," he answered indifferently.

He seemed to be occupied with nothing but his food, his dogs, and his chickens. If what they tell us in books were true his long communion with nature and the sea should have taught him many subtle secrets. It hadn't [8].

---

1. **something or other :** *un objet quelconque, indéfini.*
2. **no concern of his :** m. à m. : *nulle affaire le concernant.*
1) Of his, of hers, of mine, of yours, of ours, of theirs sont des formes pronominales très usitées. Elles équivalent aux formes françaises « à lui », « à elle », etc. An uncle of ours : *un oncle à nous.* 2) Concern : *ce qui concerne.* Employé ici comme substantif. To concern : *concerner.*
3. **to care about :** *se soucier de, attacher de l'importance à.* To care for : *aimer, avoir du goût* (pour qqch), *éprouver de l'inclination* (pour qqn).
4. **sombrely :** de "sombre" : *obscurément, pour une raison mystérieuse.*

Notre visite ne parut pas lui faire particulièrement plaisir. Il accepta nos présents comme un dû, sans un mot de remerciement, et maugréa parce que nous n'avions pas apporté quelque objet dont il avait besoin. Il était morose et silencieux, ne prenant aucun intérêt à ce que nous pouvions lui dire, comme si le monde extérieur l'indifférait totalement. Seule comptait pour lui son île. Il en parlait comme si elle lui appartenait, l'appelait « sa villégiature » et craignait que les cocotiers n'attirent la convoitise de quelque marchand trop entreprenant. Il me jetait des regards soupçonneux et cherchait à connaître la véritable raison de ma présence dans cette partie du monde. Il avait quelque difficulté à trouver ses mots, et s'adressait à lui-même plutôt qu'à nous. J'étais mal à l'aise de l'entendre marmonner sans cesse comme si nous n'étions pas là. Pourtant, quand le capitaine lui apprit qu'un vieillard, ayant le même âge que lui, était mort, il manifesta une certaine émotion. C'était une de ses vieilles connaissances.

— Le vieux Charlie est mort ! Quel malheur ! Pauvre vieux Charlie !

Il ne cessait de répéter ces paroles. Je lui demandai s'il avait de la lecture.

— Pas beaucoup, répondit-il distraitement.

Ses seules préoccupations étaient sa nourriture, ses chiens et ses poulets. A en croire les romanciers, sa longue communion avec la mer et la nature eût dû lui enseigner de profondes vérités. Il n'en était rien.

---

5. **curious** (syn. **inquisitive**) : *curieux, qui cherche à savoir.*
6. **uncanny** : *étrange, surnaturel, inexplicable.*
7. **to mumble** : *avaler ses mots, ne pas articuler.*
8. **it hadn't** (= it had not) : it (= his long communion...) had not (= taught him...).

He was a savage. He was nothing but a narrow, ignorant, and cantankerous [1] sea-faring man. As I looked at the wrinkled, mean old face I wondered what was the story of those three dreadful years that had made him welcome [2] this long imprisonment. I sought to see behind those pale blue eyes of his [3] what secrets they were that he would carry to his grave. And then I foresaw [4] the end. One day a pearl fisher would land on the island and German Harry would not be waiting for him, silent and suspicious, at the water's edge. He would go up to [5] the hut and there, lying on the bed, unrecognizable, he would see all that remained of [6] what had once been a man. Perhaps then he would hunt high and low [7] for the great mass of pearls that has haunted the fancy [8] of so many adventurers. But I do not believe he would find it : German Harry would have seen to it [9] that none [10] should discover the treasure, and the pearls would rot in their hiding place [11]. Then the pearl fisher would go back into his dinghy and the island once more be deserted [12] of man.

---

1. **cantankerous** : *ergoteur, acariâtre.*
2. **to welcome** : *accueillir avec plaisir.*
3. **those... of his** : forme redondante équivalant à "his pale blue eyes".
4. **to foresee (foresaw, foreseen)** : *prévoir.*
5. **up to** : *jusque.* Up n'indique pas nécessairement que l'on monte. Quand il s'agit de directions, les prépositions "up" et "down" fondent une préséance implicite entre deux lieux. Ex. : to go up to London ; to go down to the country.
6. **all that remained of** : *tout ce qui restait de.*
7. **high and low** : *de haut en bas.* Équivaut à notre « de la cave au grenier ».

C'était un sauvage, un marin acariâtre, ignorant et médiocre. En contemplant ce vieux visage morose et tout fripé, je me demandais ce qui s'était passé pendant ces trois années terribles pour lui faire choisir ce long emprisonnement. Derrière ses yeux bleu pâle, je cherchais à débusquer les secrets qu'il emporterait avec lui dans la tombe, et j'entrevoyais la fin de son histoire. Un beau jour, un pêcheur aborderait sur l'île, et Harry ne serait pas là, silencieux et méfiant, sur la plage. Le pêcheur irait à la cabane et, sur le lit, méconnaissable, reposerait la dépouille de ce qui, naguère, avait été un être humain. Peut-être le pêcheur irait-il alors fouiller partout, pour découvrir ce trésor de perles qui hante les rêves de tant d'aventuriers. Mais je ne crois pas qu'il y parvienne. Harry l'Allemand aura fait en sorte que personne ne découvre le trésor et les perles croupiront dans leur cachette. Le pêcheur regagnera son canot et l'île redeviendra déserte.

---

8. **fancy** : *l'imagination, l'imaginaire.* Le terme « imagination » se réfère à l'imagination concrète, à la créativité.
9. **to see to (it)** : *faire en sorte que, s'arranger pour.*
10. **none** = no one. C'est-à-dire "**no adventurer**".
11. **hiding place** : m. à m. : *endroit de cachette.* **To hide (hid, hidden)** : *cacher, dissimuler.* **Hide and seek** : *cache-cache.*
12. **to desert** : *déserter, abandonner.* **To be deserted of** : *être abandonné par.* Ici = *redevenir déserte.*

Révisions

1. Il y avait trente ans que l'ermite vivait sur cette île.
2. Seize hommes avaient débarqué dans l'île, mais il n'en restait plus que cinq.
3. Il détestait ses semblables.
4. Il se trouva à court d'allumettes.
5. Son île était sa seule préoccupation.
6. Le monde extérieur l'indifférait totalement.
7. Pendant la guerre, il ne vit âme qui vive.
8. Il se disait Danois.
9. Il n'est plus assez robuste.
10. Il se nourrissait seulement de poulets, de poissons et de noix de coco.
11. L'île n'est accessible que d'un seul côté.
12. Il refusait d'en dire davantage.

1. The hermit had lived on this island for thirty years.
2. Sixteen men had landed on the island but no more than five were left.
3. He had a horror of his fellow-men.
4. He ran out of matches.
5. The only thing he cared about was his island.
6. The outside world was no concern of his.
7. During the war, he never saw a living soul.
8. He said he was a Dane.
9. He is no longer strong enough.
10. He lived on chickens, fish and coconuts.
11. The island can be approached only on one side.
12. He would say no more.

The Four Dutchmen

Les quatre Hollandais

The Four Dutchmen

The Van Dorth Hotel at Singapore was far from grand [1]. The bedrooms were dingy and the mosquito nets patched and darned [2] ; the bath-houses, all in a row and detached from the bedrooms, were dank [3] and smelly. But it had character. The people who stayed there, masters of tramps whose round ended at Singapore, mining engineers out of a job, and planters taking a holiday, to my mind [4] bore a more romantic [5] air than the smart folk, globetrotters, government officials and their wives, wealthy merchants, who gave luncheon-parties at the Europe and played golf and danced and were fashionable. The Van Dorth had a billiard-room, with a table with a threadbare cloth, where ships' engineers and clerks in insurance offices played snooker. The dining-room was large and bare [6] and silent. Dutch families on the way to Sumatra ate solidly [7] through their dinner without exchanging a word with one another, and single gentlemen on a business trip from Batavia devoured a copious meal while they intently [8] read their paper. On two days a week there was rijstafel and then a few residents of Singapore who had a fancy [9] for this dish came for tiffin [10]. The Van Dorth Hotel should have been [11] a depressing place, but somehow it wasn't ; its quaintness [12] saved it. It had a faint aroma of something strange and half-forgotten.

---

1. **grand** : *grandiose, impressionnant.* Mais : *un homme grand* : a tall man ; et *un grand homme* (célèbre) : a great man.

2. **patched** : *rapiécé* (cf. patchwork). **Darned** : *reprisé, raccommodé.*

3. **dank** : à la fois *humide* et *renfermé. Humide* ou *humidifié* : damp. *Mouillé* : wet.

4. **to my mind** : *à mon avis, selon moi, à ce que je pense.*

5. **romantic** : *romantique* ou *pittoresque,* ou *romanesque.*

6. **bare** : *nu, dépouillé* (**bare-headed** : *tête nue*). Syn. **naked** (pron. 'neikid). **The nude** (pron. 'niu:d) : *le nu* en peinture ou en photographie.

7. **solidly** : *copieusement* (cf. « *un solide appétit* »).

8. **intently** : *intensément, en se concentrant.*

Les quatre Hollandais

L'hôtel Van Dorth à Singapour n'avait rien de luxueux. Les chambres y étaient pitoyables, les moustiquaires toutes rapiécées, les douches groupées loin des chambres, humides et malodorantes. Mais l'hôtel avait du caractère. On y recevait des capitaines de cargos au terme de leur voyage, des ingénieurs des mines en chômage temporaire, des planteurs en vacances. Je les trouvais plus pittoresques que les gens bien mis, les globe-trotters, les fonctionnaires accompagnés de leurs épouses, ou les riches hommes d'affaires qui s'offraient des déjeuners à l'hôtel de l'Europe, jouaient au golf, allaient danser et donnaient le ton. Le Van Dorth possédait une salle de billard dont l'unique table avait un tapis élimé, et sur laquelle les mécaniciens de bord et les employés de compagnies d'assurances jouaient au snooker. La salle à manger était vaste, sobre et silencieuse. Des familles de Hollandais en route vers Sumatra y mangeaient de bon appétit, sans échanger une parole, tandis que des hommes seuls, retour d'un voyage d'affaires à Batavia, dévoraient leur journal tout en s'empiffrant. Deux jours par semaine, on y servait le rijstafel, et les gens de la ville qui appréciaient ce plat venaient y déjeuner. Le Van Dorth était un hôtel que l'on eût pu trouver lugubre, mais il n'en était rien. Il possédait un charme désuet, un je-ne-sais-quoi de romantique, évocateur d'une époque révolue.

---

9. **a fancy :** *un goût, une préférence, une toquade.* **To fancy a dish :** *bien aimer un plat particulier.*
10. **tiffin :** en anglais « colonial » désigne *un déjeuner.*
11. **should have been :** m. à m. : *aurait dû être.* C'est-à-dire : *aurait dû sembler.*
12. **quaintness :** *étrangeté d'allure* ou *d'apparence* causée par le caractère désuet ou archaïque d'un objet ou d'une personne.

There was a scrap of garden facing the street where you could sit in the shade of trees and drink cold beer. In that crowded and busy city, though motors whizzed [1] past and rickshaws passed continuously, the coolies' feet pattering [2] on the road and their bells ringing, it had the remote peacefulness [3] of a corner of Holland. It was the third time I had stayed at the Van Dorth. I had been told about it first by the skipper of a Dutch tramp, the S.S. *Utrecht,* on which I had travelled from Merauke in New Guinea to Macassar. The journey took the best part of [4] a month, since the ship stopped at a number of islands in the Malay Archipelago, the Aru and the Kei Islands, Banda-Neira, Amboina, and others of which I have even forgotten the names, sometimes for an hour or two, sometimes for a day, to take on or discharge cargo [5]. It was a charming, monotonous, and diverting trip. When we dropped anchor the agent came out in his launch [6], and generally the Dutch Resident, and we gathered on deck under the awning and the captain ordered beer. The news [7] of the island was exchanged for the news of the world. We brought papers and mail. If we were staying long enough [8] the Resident asked us to dinner and, leaving the ship in charge of the second officer, we all (the captain, the chief officer, the engineer, the supercargo, and I) piled into the launch and went ashore [9]. We spent a merry evening.

---

1. **to whizz :** onomatopée qui évoque le sifflement d'un projectile.
2. **to patter :** autre onomatopée suggérant le « flic-flac » des pieds nus.
3. **remote peacefulness :** m. à m. : *lointaine quiétude.*
4. **the best part of :** m. à m. : *la meilleure partie de.*
5. **cargo :** *la cargaison. Un cargo :* a cargo-boat.
6. **a launch :** *une vedette, un petit yacht, une barque à moteur.*
7. **the news :** *les nouvelles.* Le mot **news** est un singulier collectif, c'est-à-dire qu'il se construit avec un verbe au singulier ("**Here is the news**" : *voici les informations*) mais désigne un ensemble. Comment traduire « une *nouvelle* » ? A piece of news (m. à m. : « *un morceau de nouvelles* »).

44

Donnant sur la rue, il y avait un bout de jardin, où l'on pouvait s'asseoir à l'ombre et déguster une bière fraîche. Au cœur de cette cité bruyante et surpeuplée, en dépit des voitures et des pousse-pousse qui défilaient sans arrêt, et malgré le tintamarre des coolies et de leurs sonnettes, ce jardin possédait une tranquillité véritablement hollandaise. C'était mon troisième séjour à Van Dorth. J'en avais entendu parler pour la première fois par le patron du *S.S. Utrecht*, un cargo hollandais à bord duquel j'avais effectué la traversée de Merauke en Nouvelle-Guinée jusqu'à Macassar. Le voyage avait pris presque un mois, car le navire faisait escale dans toutes sortes d'îles de l'archipel malais, les îles Aru et Kei, Banda-Neira, Amboine et d'autres, dont j'ai oublié le nom. Nous y restions parfois une heure ou deux, parfois toute une journée, soit pour embarquer, soit pour décharger des marchandises. Ce fut un voyage à la fois charmant, monotone et distrayant. Quand nous jetions l'ancre, le commissaire arrivait sur sa vedette, ainsi que le résident hollandais. Nous allions nous asseoir sur le pont, à l'ombre de l'auvent, et le capitaine faisait apporter de la bière. Nous échangions les nouvelles du monde contre les nouvelles de l'île. Nous apportions des journaux et du courrier. Si nous en avions le temps, le résident nous invitait à dîner et, laissant le bateau à la garde du second lieutenant, le capitaine, le premier lieutenant, le mécanicien-chef, le subrécargue et moi, nous nous entassions dans la chaloupe et allions à terre. On passait une soirée joyeuse.

---

8. **long enough :** *assez longtemps.* **Enough** se place toujours après l'adjectif.
9. **ashore :** *à terre* (par opp. à la mer). Mais « *à terre* » au sens de « *par terre* » : **on the ground, on the floor.**

These little islands, one so like another, allured my fancy [1] just because I knew that I should never see them again. It made them strangely unreal, and as we sailed away and they vanished into the sea and sky it was only by an effort of the imagination that I could persuade myself [2] that they did not with my last glimpse of them cease to exist.

But there was nothing illusive, mysterious, or fantastic about the captain, the chief officer, the chief engineer, and the supercargo. Their solidity was amazing. They were the four fattest [3] men I ever saw. At first I had great difficulty in telling them apart, for though one, the supercargo, was dark and the others were fair, they looked astonishingly alike. They were all big, with large round bare red faces, with large fat arms and large fat legs and large fat bellies. When they went ashore they buttoned up [4] their stengah-shifters and then their great double chins bulged over the collars and they looked as though they would [5] choke. But generally they wore them unbuttoned. They sweated freely [6] and wiped their shiny faces with bandanas and vigorously fanned themselves with palm-leaf fans.

It was a treat [7] to see them at tiffin. Their appetites were enormous. They had rijstafel every day, and each seemed to vie with [8] the other how high he could pile his plate. They loved it hot and strong.

---

1. **allured my fancy :** to allure : *captiver, séduire, charmer. L'allure* (au sens de vitesse) : **speed** ou **pace** (pr. 'peiːs) ; au sens de *apparence : looks* ou *style. Avoir belle allure :* to look smart, stylish.
2. **I could persuade myself... :** m. à m. : *je pouvais me persuader qu'elles n'avaient pas cessé d'exister avec le dernier aperçu que j'en avais eu.*
3. **the four fattest :** l'anglais suit le même ordre que le français (*les quatre plus gros*) sauf lorsqu'il y a un adjectif ordinal. Ainsi on dira "**the first three**" (en français « *les trois premiers* ») ou "**the last two**" (« *les deux derniers* »).
4. **to button up :** *boutonner jusqu'au menton, s'engoncer.*

Ces petites îles, si pareilles les unes aux autres, me plaisaient pour la seule raison que, vraisemblablement, je ne les reverrais jamais. Aussi me semblaient-elles curieusement artificielles et, lorsque nous nous en éloignions et qu'elles se résorbaient entre la mer et le ciel, je devais accomplir un véritable effort d'imagination pour croire qu'elles n'avaient pas vraiment cessé d'exister.

Il n'y avait, par contre, rien d'irréel, de mystérieux ou de fantastique chez le capitaine, le premier lieutenant, l'ingénieur-chef et le subrécargue. Ils étaient extraordinairement concrets. Je n'avais jamais vu d'hommes plus corpulents. Il me fut d'abord très difficile de les distinguer l'un de l'autre, car, bien que le subrécargue fût brun et les autres blonds, ils se ressemblaient comme des frères. Ils étaient, tous quatre, gros, avec de gros visages rougeauds, de gros bras épais, de grosses jambes épaisses, et de gros ventres épais. Quand ils descendaient à terre, ils se boutonnaient dans leur tunique, faisant déborder leur double menton, de telle sorte qu'ils avaient l'air d'étouffer. Mais, généralement, ils ne se boutonnaient pas. Ils transpiraient abondamment, s'épongeaient le visage dans leur foulard, et s'éventaient vigoureusement avec des feuilles de palmier.

C'était un spectacle de les voir déjeuner. Ils avaient un appétit féroce, se faisaient servir du rijstafel tous les jours et l'on eût dit, à voir leurs portions, qu'ils disputaient le concours du plus gros mangeur. Il fallait que le plat fût très fortement épicé.

---

5. **as though they would** = as if they would.
6. **freely :** *librement, abondamment.*
7. **a treat :** *un plaisir, une joie, un régal.*
8. **to vie with :** *rivaliser* (sans notion de malveillance).

"In dis [1] country you can't eat a ting [1] onless [1] it's tasty [2]," said the skipper.

"De only way to keep yourself up in dis country is to eat hearty [3]," said the chief.

They were the greatest friends, all four of them ; they were like schoolboys together, playing absurd little pranks with one another. They knew each other's jokes by heart and no sooner did one of them start the familiar lines [4] than he would splutter [5] with laughter so violently, the heavy shaking laughter of the fat man, that he could not go on, and then the others began to laugh too. They rolled about [6] in their chairs, and grew redder and redder, hotter and hotter, till the skipper shouted for beer, and each, gasping but happy, drank his bottle in one enchanted draught [7]. They had been on this run [8] together for five years and when, a little time before, the chief officer had been offered a ship of his own [9] he refused it. He would not leave his companions. They had made up their minds that when the first of them retired they would all retire.

"All friends and a good ship. Good grub [10] and good beer. Vot [11] can a sensible man vant [11] more ?"

At first they were a little stand-offish [12] with me. Although the ship had accommodation for half a dozen passengers, they did not often get any, and never one whom they did not know. I was a stranger and a foreigner.

---

1. **dis... ting... onless** = this... thing... unless.
2. **tasty** : *qui a du goût*, c'est-à-dire *bien assaisonné*.
3. **to eat hearty** = to eat heartily : *de bon cœur, sans se retenir*.
4. **the familiar lines** : m. à m. : *les lignes familières*.
5. **splutter** : *s'ébrouer* ou *s'esclaffer, s'étouffer de rire* ou *quand on a avalé de travers*.
6. **to roll about** : *rouler çà ou là* (par analogie avec le roulis du bateau).
7. **one enchanted draught** : m. à m. : *d'un seul trait enchanté (comme par enchantement)*. Maugham suggère malicieusement des jeux de mots associant "spirit" *(l'alcool)* et "to spirit away" *(faire disparaître comme par magie)*.
8. **this run** : *ce parcours*.
9. **a ship of his own** : *un bateau à lui, bien à lui*.

— Tans ce bays on toit peaucoup assaisonner les plats, disait le capitaine.

— Pour carder sa santé tans ce bays, on toit pien mancher, renchérissait le lieutenant.

Ils s'entendaient on ne peut mieux et, comme des écoliers, ils se faisaient toutes sortes de petites farces. Chacun connaissait par cœur les plaisanteries favorites des autres. Si l'un d'eux commençait à raconter une histoire connue, il se mettait aussitôt à piquer un fou rire énorme, comme seuls les gros peuvent en attraper, il devait s'interrompre, et les autres étaient, à leur tour, secoués de rire. Ils se balançaient dans leur fauteuil, devenaient de plus en plus rouges, de plus en plus échauffés, jusqu'au moment où le capitaine réclamait de la bière et, tout haletant, chacun vidait sa bouteille d'un trait pour se calmer. Il y avait cinq ans qu'ils naviguaient ensemble sur cette ligne, et lorsque, peu de temps auparavant, le premier lieutenant s'était vu proposer le commandement d'un bateau, il avait refusé de quitter ses amis. Ils avaient décidé que si l'un d'entre eux prenait sa retraite, ils la prendraient tous ensemble.

— Tes amis et un pon pateau. Pien mancher et pien poire ! Que peut-on fouloir de plus ?

Au début ils avaient été un peu distants avec moi. Il y avait six places de passager sur le bateau, mais elles étaient rarement occupées, et jamais ils ne prenaient quelqu'un qu'ils ne connaissaient pas. Or, j'étais inconnu pour eux et, par surcroît, étranger.

---

10. **good grub** : m. à m. : « *bonne bouffe* ».
11. **vot... vant** = what... want.
12. **stand-offish** : *distant.* **To stand (stood, stood) off** : *se tenir à distance.*

They liked their bit of fun [1] and did not want anyone to interfere with [2] it. But they were all of them very fond of bridge, and on occasion the chief and the engineer had duties that prevented one or the other playing. They were willing to put up with [3] me when they discovered that I was ready to make a fourth whenever [4] I was wanted. Their bridge was as incredibly fantastic [5] as they were. They played for infinitesimal stakes, five cents a hundred : they did not want to win one another's money, they said, it was the game they liked. But what a game ! Each was wildly determined [6] to play the hand and hardly one was dealt [7] without at least a small slam being declared. The rule was [8] that if you could get a peep at somebody else's cards you did [9], and if you could get away with [10] a revoke [11] you told your partner when there was no danger it could be claimed [12] and you both roared with laughter till the tears rolled down your fat cheeks. But if your partner had insisted on [13] taking the bid away from you and had called a grand slam on five spades to the queen, whereas you were positive on [14] your seven little diamonds you could have made it easily, you could always score him off [15] by redoubling without a trick in your hand. He went down two or three thousand and the glasses on the table danced with the laughter that shook your opponents.

---

1. **their bit of fun :** m. à m. : « *leur morceau d'amusement, de plaisir* ».
2. **to interfere with :** *se mêler de, troubler.*
3. **to put up with :** *s'accommoder de* (bon gré mal gré, par nécessité).
4. **whenever :** *chaque fois que.*
5. **incredibly fantastic :** m. à m. : *incroyablement invraisemblable.* Plus proche du sens étymologique que le français « fantastique », **fantastic** signifie : « *qui relève de l'imagination la plus débridée, la plus délirante* ».
6. **wildly determined :** *farouchement déterminé.*
7. **hardly one was dealt :** to deal (dealt, dealt) a hand : *distribuer une donne.* **A good hand** : *un beau jeu, une bonne distribution.*
8. **the rule was :** m. à m. : *le règlement était.*
9. **you did :** sous-entendu "get a peep at somebody else's cards".

Ils aimaient se divertir, et la présence d'un intrus les dérangeait. Mais ils étaient tous quatre grands fervents de bridge et il arrivait que, pour des raisons professionnelles, le lieutenant et le mécanicien ne puissent venir jouer. Lorsqu'ils apprirent que je ne demandais pas mieux que de faire le quatrième, si l'on avait besoin de moi, ils m'admirent dans leur compagnie. Leur manière de jouer leur ressemblait. Ils jouaient pour des sommes infimes, par exemple cinq cents les cent points. Ils ne désiraient pas se dérober de l'argent, car, disaient-ils, cela eût gâté leurs parties. Mais quelles parties ! Chacun voulait à tout prix jouer la carte, et il n'y avait guère de donne qui ne débouchât au moins sur un petit chelem. Il était entendu que l'on avait le droit de jeter un coup d'œil sur le jeu du voisin. Si, au cours des enchères, vous changiez de couleur sans que l'adversaire réponde, vous ne vous gêniez pas pour déclarer à votre partenaire si la couleur en question était jouable, et vous éclatiez tous les deux de rire au point d'en pleurer. Mais si votre partenaire tenait absolument à changer de couleur, ayant demandé un grand chelem avec cinq piques par la dame alors que, avec vos sept petits carreaux, vous l'eussiez fait sans difficulté, vous pouviez toujours le surcontrer sans avoir une seule levée en main. Il chutait de deux ou trois mille points, et les éclats de rire de vos adversaires faisaient danser les verres sur la table.

---

10. **to get (got, got) away with :** *s'en tirer, ne pas se faire pincer.*
11. **a revoke :** *changement de couleur dans les annonces* (terme de bridge).
12. **to claim :** *annoncer, demander.*
13. **to insist on :** *affirmer avec insistance, s'obstiner.*
14. **to be positive :** *affirmer sa certitude, sa conviction.*
15. **to score off a player :** *faire chuter un joueur* (the score : *le score*).

I could never remember their difficult Dutch names, but knowing them anonymously as it were, only by the duties they performed, as one knows the characters Pantaloon, Harlequin, and Punchinello, of the old Italian comedy, added grotesquely to their drollery. The mere sight of [1] them, all four together, set you laughing, and I think they got a good deal of amusement from the atonishment they caused in strangers. They boasted that they were the four most famous Dutchmen in the East Indies. To me not the least comic part of them was their serious side. Sometimes late at night, when they had given up all pretence [2] of still wearing their uniforms, and one or the other of them lay by my side on a long chair in a pyjama jacket and a sarong, he would grow sentimental [3]. The chief engineer, due to retire soon, was meditating [4] marriage with a widow whom he had met when last he was home and spending the rest of his life in a little town with old red-brick houses on the shores of the Zuyder Zee. But the captain was very susceptible to [5] the charms of the native girls and his thick English [6] became almost unintelligible from emotion when he described to me the effect they had on him. One of these days he would buy himself a house on the hills in Java and marry a pretty little Javanese. They were so small and so gentle and they made no noise, and he would dress her [7] in silk sarongs and give her gold chains to wear round her neck and gold bangles to put on her arms. But the chief mocked [8] him.

---

1. **the mere sight of** : *la simple vue, le seul spectacle.*
2. **to give (gave, given) up pretence** : *abandonner les apparences.*
3. **sentimental** : *en veine d'épanchements, mélancolique.*
4. **to meditate** : *s'emploie transitivement dans le sens de projeter ou envisager.*
5. **susceptible to** : *vulnérable, accessible. Être susceptible* (se vexer facilement) : **to be touchy, to be thin-skinned** (« *avoir la peau mince* »).
6. **his thick English** : m. à m. : « *son anglais épais* », c'est-à-dire *malaisé à comprendre, pénible.*
7. **he would dress her** : m. à m. : *il la vêtirait, il lui ferait porter.*

Ils avaient des noms hollandais difficiles à retenir, mais je les connaissais de façon, en quelque sorte, anonyme, par leurs fonctions respectives, comme des personnages de la commedia dell'arte, Pantalon, Arlequin et Polichinelle, ce qui me les rendait encore plus comiques. Il suffisait de les voir ensemble tous les quatre pour vous faire rire, et je crois qu'ils s'amusaient beaucoup de constater l'effet d'étonnement qu'ils produisaient sur les autres. Ils se targuaient d'être les quatre Hollandais les plus célèbres d'Extrême-Orient. Leur sérieux les rendait encore plus drôles. Le soir, lorsqu'il se faisait tard et qu'ils ne se donnaient plus la peine de porter l'uniforme, l'un d'eux venait parfois s'installer près de moi sur une chaise longue, en sarong et une veste de pyjama sur le dos, pour me faire des confidences. Le chef-mécanicien, dont la retraite approchait, projetait de se marier avec une veuve rencontrée au cours de son dernier congé, et de vivre le reste de ses jours dans une petite ville des bords du Zuyderzee, aux maisons de brique rouge. Mais le capitaine était très sensible au charme des petites indigènes, et son anglais incertain devenait presque inintelligible lorsque, plein d'émoi, il me décrivait quel effet elles produisaient sur lui. Un de ces jours, disait-il, il achèterait une maison dans les collines de Java, et il prendrait pour femme une jolie petite Javanaise. Elles étaient si petites et si douces, si discrètes ; il lui achèterait des sarongs en soie, des colliers et des bracelets en or. Mais le lieutenant se moquait de lui.

---

8. **to mock someone** : *tourner quelqu'un en dérision. Se moquer de quelqu'un : * to make fun of someone. *Taquiner : * to tease.

"Silly all dat [1] is. Silly. She goes mit [2] all your friends and de [3] house boys and everybody. By de time you retire, my dear [4], vot you'll vant [5] vill [5] be a nurse, not a vife [5]."

"Me?" cried the skipper. "I shall want a vife ven I'm eighty!"

He had picked up a little thing [6] last time the ship was at Macassar and as we approached that port he began to be all of a flutter [7]. The chief officer shrugged fat and indulgent [8] shoulders. The captain was always losing his head over one brazen hussy [9] after another, but his passion never survived the interval between one stop at a port and the next, and then the chief was called in [10] to smooth out [11] the difficulties that ensued. And so it would be this time.

"De old man suffers from fatty degeneration of de heart. But so long as I'm dere [12] to look after him not much harm comes of it. He vastes [13] his money and dat's a pity, but as long as he's got it to vaste, why shouldn't he [14]?"

The chief officer had a philosophic soul.

At Macassar then I disembarked, and bade farewell to my four fat friends.

"Make another journey with us", they said. "Come back next year or the year after. You'll find us all here just the same as ever."

---

1. **dat** = that.
2. **mit** = with.
3. **de** = the.
4. **my dear :** "my dear" est une forme qui s'adresse à une personne du sexe féminin (équivalent de « ma chérie ») et non à une personne du sexe masculin. A celle-ci on dira, suivant le cas "my dear fellow" ou "my dear boy". "My dear" sera toujours suivi d'un substantif ou d'un nom propre.
5. **vant... vill... vife** = want... will... wife.
6. **a little thing :** « une petite ».
7. **to be all of a flutter :** être tout ému, dans tous ses états.
8. **indulgent :** tolérant, indifférent, nonchalant. To indulge in : s'adonner à (pour se faire plaisir).
9. **a brazen hussy :** une mégère effrontée. Hussy est un doublet de "housewife", de même que « mégère » est un doublet de « ménagère ».

— Pêtises que tout cela, pêtises. Elle fa afec tous fos amis et afec les poys, et tout le monte. Quand tu prentras ta retraite, mon fieux, c'est t'une nourrice, pas t'une femme, que tu auras pessoin !

— Moi ! s'écriait le capitaine. A quatre-fingts ans ch'aurai pessoin t'une femme.

A la dernière escale du bateau à Macassar, il avait trouvé une petite amie, et plus nous approchions de ce port, plus il était excité. Le lieutenant haussait nonchalamment ses grasses épaules. Le moindre bout de jupon suffisait à faire perdre la tête au capitaine, mais, entre deux escales, sa passion s'émoussait, et il s'ensuivait des complications que le lieutenant devait ensuite résoudre. Cela ne manquerait pas de se produire cette fois-ci.

— Le fieux souffre te tégénérescence craisseuse tu cœur. Tant que che suis là, tout fa pien. Il caspille son archent, c'est tommache, mais, si ça lui fait plaisir, pourquoi pas ?

Le lieutenant était un philosophe.

A Macassar, donc, je débarquai et fis mes adieux à mes quatre gros amis.

— Revenez nous voir, me dirent-ils. Revenez l'an prochain ou dans deux ans, nous serons toujours là.

---

10. **to call in** : *appeler de la voix.* "In" indique la direction. Cf. l'allemand « herein ».

11. **to smooth out** : *aplanir.* **Smooth** : *lisse, doux.* Sens figuré : **to be smooth** : *être diplomate, savoir aplanir les difficultés.*

12. **dere** = there.

13. **he vastes** = he wastes.

14. **why shouldn't he ? :** forme contractée (et habituelle) pour "why should he not ?" (sous-entendu "**waste his money**").

A good many months has passed since then and I had wandered through more than one strange [1] land. I had been to Bali and Java and Sumatra ; I had been to Cambodia and Annam ; and now, feeling as though I were [2] home again, I sat in the garden of the Van Dorth Hotel. It was cool in the very early morning and having had breakfast I was looking at back numbers [3] of the *Straits Times* to find out what had been happening in the world since last I had been within reach of [4] papers. Nothing very much. Suddenly my eyes caught a headline : *The* Utrecht *Tragedy. Supercargo and Chief Engineer. Not Guilty.* I read the paragraph carelessly and then I sat up. The *Utrecht* was the ship of my four fat Dutchmen and apparently the supercargo and the chief engineer had been on trial [5] for murder. It couldn't be my two fat friends. The names were given, but the names meant nothing to me. The trial had taken place in Batavia. No details were given in this paragraph ; it was only a brief announcement that after the judges had considered [6] the speeches of the prosecution and of the defence their verdict was as stated. I was astounded. It was incredible that the men I knew could have committed a murder. I could not find out who had been murdered [7]. I looked through back numbers of the paper. Nothing.

I got up and went to the manager of the hotel, a genial [8] Dutchman, who spoke admirable English, and showed him the paragraph.

---

1. **strange** : *étranger* au sens de « *inconnu* ». A stranger : *une personne que l'on ne connaît pas.* **Foreign** : *d'une autre nation.* A foreigner : *personne qui n'a pas la nationalité du pays.* **Foreign Office** : *le ministère des Affaires étrangères.*
2. **I were** : et non "I was" à cause de "as though". Toutefois il arrive fréquemment que l'on entende la forme « **as though** (ou **as if**) I was.
3. **back numbers** : *des anciens numéros.* Autres emplois de "back" en composition : **back door** *(porte de derrière)*, **back street** *(petite rue, mal fréquentée)*, **back hand** *(revers au tennis)*, **back bencher** *(un député de la majorité qui ne fait pas partie de la majorité* ou *un député de l'opposition qui n'est pas membre du « cabinet fantôme »).*

Bien des mois s'écoulèrent, au cours desquels je visitai bon nombre d'étranges contrées : Bali, Java, Sumatra, le Cambodge et l'Annam. Et voici que, pour ainsi dire de retour chez moi, j'étais assis dans le jardin de l'hôtel Van Dorth. Le début de la matinée était frais, et après déjeuner, j'en profitai pour regarder d'anciens numéros du *Straits Times* et m'informer sur ce qui se passait dans le monde depuis la dernière fois que j'avais lu la presse. Il ne s'était pas passé grand-chose, mais soudain je tombai sur une manchette : « La tragédie de l'*Utrecht*. Le subrécargue et le mécanicien non coupables. » Je commençai à lire distraitement, puis très attentivement. L'*Utrecht* était le bateau de mes quatre gros Hollandais et, apparemment, le subrécargue et le chef-mécanicien avaient été inculpés de meurtre. Impossible que ce fussent mes amis ! On donnait bien les noms, mais ils ne me disaient rien du tout. Le procès s'était déroulé à Batavia. L'article ne donnait pas de détails. Il se bornait à indiquer que, réquisitoire et plaidoiries ayant été entendus, on avait rendu ce verdict. J'étais stupéfait, car les hommes que j'avais connus étaient tout simplement incapables de commettre un crime. Je ne pouvais pas trouver d'indication touchant la personne de la victime. J'examinai vainement les anciens numéros du journal.

J'allai trouver le directeur de l'hôtel. C'était un Hollandais très sympathique, parlant un excellent anglais. Je lui tendis l'article.

---

4. **within reach of :** *à portée de.* **To reach :** *atteindre.*
5. **on trial :** les sens principaux de **"trial"** sont : 1) *l'épreuve* (syn. : **ordeal**) ; 2) *la tentative* (syn. **try**) 3) *le procès.* Mais au rugby, *un essai :* **a try.**
6. **to consider :** *examiner.*
7. **who had been murdered :** *qui avait été tué.*
8. **genial :** non pas « génial », mais *sympathique, souriant* et *serviable.*

"That's the ship I sailed on. I was in her [1] for nearly a month. Surely these fellows aren't the men I knew. The men I knew were enormously fat."

"Yes, that's right," he answered. "They were celebrated all through the Dutch East Indies [2], the four fattest men in the service [3]. It's been a terrible thing. It made a great sensation. And they were friends. I knew them all. The best fellows in the world."

"But what happened ?"

He told me the story and answered my horrified questions. But there were things I wanted to know that he couldn't tell me. It was all confused [4]. It was unbelievable. What actually had happened was only conjecture. Then someone claimed the manager's attention [5] and I went back to the garden. It was getting hot now and I went up to my room. I was strangely shattered [6].

It appeared that on one of the trips the captain took with him a Malay girl that he had been carrying on with [7] and I wondered if it was the one he had been so eager [8] to see when I was on board. The other three had been against her coming [9] — what did they want with [10] a woman in the ship ? it would spoil everything — but the captain insisted [11] and she came. I think they were all jealous of her. On that journey they didn't have the fun [12] they generally had. When they wanted to play bridge the skipper was dallying with [13] the girl in his cabin ; when they touched at a port and went ashore the time seemed long to him till he could get back to her.

---

1. **in her :** les bateaux sont personnifiés au féminin.
2. **The East Indies :** *les Indes* (orientales) par opposition aux Antilles ("The West Indies").
3. **the service :** *la marine marchande. La marine de guerre :* the senior service.
4. **all confused :** m. à m. : *tout confus, tout embrouillé.*
5. **claimed the manager's attention :** m. à m. : *requit l'attention du directeur.*
6. **to shatter :** *ébranler, détruire, choquer.*
7. **to carry on with someone :** *avoir une liaison avec qqn.* To carry on : *continuer, poursuivre* (ce que l'on est en train de faire). **Please, carry on !** : *Continuez, je vous en prie.*

— J'étais à bord de ce bateau pendant près d'un mois. Ces hommes ne peuvent pas être ceux que j'ai connus. Ceux que j'ai connus étaient très gros.

— Mais oui, répondit-il. Ils étaient connus dans toutes les Indes néerlandaises comme les quatre plus gros de la marine marchande. C'est une histoire terrible, on en a beaucoup parlé. C'étaient des amis à moi, tous les quatre, les meilleurs types du monde.

— Mais qu'est-il arrivé ?

Il me fit le récit de l'histoire et répondit à mes questions. J'étais horrifié, mais il y avait des détails qui lui échappaient. Il y avait des doutes, des invraisemblances. Ce qui s'était vraiment passé restait du domaine des hypothèses. Quelqu'un vint réclamer le directeur, et je retournai dans le jardin. Je commençais alors à souffrir de la chaleur et je regagnai ma chambre. J'étais tout ému.

A ce qu'il semblait, le capitaine avait un beau jour pris à bord une petite Malaise, qu'il connaissait déjà, et je me demandais si ce n'était pas celle dont il m'avait parlé avec tellement de chaleur. Les trois autres désapprouvaient sa présence : une femme sur le bateau allait tout gâcher. Mais le capitaine la leur avait imposée et, j'imagine, ils en voulaient à la fille. Le voyage ne fut pas aussi gai que d'habitude. Quand ils voulaient faire un bridge, le capitaine était occupé avec sa compagne dans sa cabine. Quand ils se trouvaient dans un port, il n'avait de cesse de pouvoir retourner la rejoindre.

---

8. **to be eager to do something :** *être désireux de faire qqch.*

9. **her coming :** nom verbal, c'est-à-dire que cette forme est à la fois un nom (complément de **"had been against"**) et un syntagme verbal dont le sujet est **"her"**.

10. **what did they want with... ? :** *qu'avaient-ils besoin de... ?, que pouvaient-ils donc faire de... ?*

11. **to insist :** *s'obstiner, insister* au sens fort.

12. **to have fun :** *s'amuser*. **Funny :** *amusant*. **For fun :** *pour rire.*

13. **to dally with :** *perdre son temps avec, de manière futile et niaise.*

He was crazy about her. It was the end of all their larks [1]. The chief officer was more bitter against her than anybody : he was the captain's particular chum [2], they had been shipmates ever since they first [3] came out from Holland ; more than once high words [4] passed between them on the subject of the captain's infatuation. Presently [5] those old friends spoke to one another only when their duties demanded [6] it. It was the end of the good fellowship that had so long obtained [7] between the four fat men. Things went from bad to worse. There was a feeling among the junior officers that something untoward [8] was pending [9]. Uneasiness. Tension. Then one night the ship was aroused by [10] the sound of a shot and the screams of the Malay girl. The supercargo and the chief engineer tumbled out [11] of their bunks and they found the captain, a revolver in his hand, at the door of the chief officer's cabin. He pushed past them and went on deck. They entered and found the chief officer dead and the girl cowering [12] behind the door. The captain had found them in bed together and had killed the chief. How he had discovered what was going on [13] didn't seem to be known, nor what was the meaning of the intrigue. Had the chief induced the girl to come to his cabin in order to get back on [14] the captain, or had she, knowing his ill-will [15] and anxious to placate [16] him, lured [17] him to become her lover ? It was a mystery that would never be solved.

---

1. **a lark :** *une blague, une rigolade.*
2. **particular chum :** *le copain* (chum) *préféré* (particular). *Particulier :* private. Mais *particulièrement :* particularly.
3. **since they first came out :** *depuis qu'ils étaient venus pour la première fois.* First = for the first time.
4. **high words :** m. à m. : *des « hauts » mots,* c'est-à-dire *des propos violents.*
5. **presently :** *bientôt, presque immédiatement.*
6. **to demand :** *exiger* (demander : "to ask for").
7. **to obtain** (intransitif) : *avoir cours, être de règle.*
8. **untoward :** *de mauvais augure, malencontreux.*
9. **pending :** *imminent* (il n'y a pas de verbe "to pend").
10. **to arouse :** *provoquer, éveiller.* To arouse est un verbe « causatif » dont le sens est littéralement "to cause to rise".

Il était fou d'elle, et c'en était fini de leur joyeuse entente. Le lieutenant était particulièrement jaloux de la fille. Il avait été le plus vieux copain du capitaine, ils avaient quitté la Hollande ensemble et avaient toujours bourlingué sur les mêmes bateaux. L'entichement du capitaine avait été la cause de plus d'une dispute entre eux. Bientôt, ces deux vieux amis en étaient venus à ne s'adresser la parole que pour se donner ou recevoir des consignes. C'en fut fait de l'amitié des quatre gros. Les choses allèrent de mal en pis. Leur entourage pressentait une crise. Malaise. Tension. Et, une nuit, le navire fut alerté par un coup de feu, suivi des hurlements de la jeune Malaise. Le subrécargue et le mécanicien sautèrent de leur couchette pour trouver le capitaine, pistolet au poing, devant la porte de la cabine du lieutenant. Il les bouscula et monta sur le pont. Pénétrant dans la cabine, les deux hommes découvrirent le lieutenant mort, et la jeune Malaise blottie derrière la porte. Le capitaine les avait découverts couchés ensemble, et il avait tué le lieutenant. Comment avait-il découvert l'intrigue ? Quelle en était la cause ? Le lieutenant avait-il enjoint à la fille de le rejoindre dans sa cabine afin de se venger du capitaine ? Ou bien celle-ci, désirant désarmer son hostilité, avait-elle cherché à le séduire ? C'étaient là autant de mystères.

---

11. **to tumble out :** *sortir en dégringolant, à l'improviste, en toute hâte.*
12. **to cower :** *se recroqueviller de peur* (se dit généralement d'un chien qui craint d'être corrigé).
13. **what was going on :** *ce qui se passait, ce qu'il y avait.*
14. **to get back on** = **to get his own back on :** *se venger de, prendre sa revanche sur.*
15. **ill-will :** *malveillance* ou *mauvaise volonté.*
16. **to placate :** *s'attirer les bonnes grâces d'une personne.*
17. **to lure** (cf. français *"leurrer"*) : *séduire avec des arrière-pensées dangereuses.*

A dozen possible explanations flashed across [1] my mind. While the engineer and the supercargo were in the cabin, horror-struck [2] at the sight before them, another shot was heard. They knew at once what had happened. They rushed up the companion [3]. The captain had gone to his cabin and blown his brains out [4]. Then the story grew dark and enigmatic. Next morning the Malay girl was nowhere to be found [5] and when the second officer, who had taken command of the ship, reported this to the supercargo, the supercargo said : "She's probably jumped overboard. It's the best thing she could have done. Good riddance [6] to bad rubbish." But one of the sailors on the watch, just before dawn, had seen the supercargo and the chief engineer carry something up on deck, a bulky [7] package, about the size of a native woman, look about them to see that they were unobserved, and drop it overboard [8] ; and it was said all over the ship that these two to avenge their friends had sought the girl out in her cabin and strangled her and flung [9] her body into the sea. When the ship arrived at Macassar they were arrested and taken to Batavia to be tried [10] for murder. The evidence [11] was flimsy [12] and they were acquitted. But all through the East Indies they knew that the supercargo and the chief engineer had executed justice on the trollop [13] who had caused the death of the two men they loved.

And thus ended the comic and celebrated friendship of the four fat Dutchmen.

---

1. **to flash across :** *traverser* (l'esprit) *en brèves fulgurations.*
2. **horror-struck :** *frappé d'horreur.* **To strike, struck, struck :** *frapper.*
3. **the companion** (terme nautique) : *la coursive.*
4. **to blow, blew, blown :** *souffler, faire sauter, exploser.* **To blow one's brains out :** *se faire sauter la cervelle.*
5. **nowhere to be found :** m. à m. : *nulle part pour être découverte.*
6. **good riddance :** *bon débarras.* **To get rid of something :** *se débarrasser de qqch.*
7. **bulky :** *encombrant, lourd et massif.*
8. **overboard :** *par-dessus bord.* Ne pas confondre avec

J'envisageais toutes sortes d'explications possibles. Le mécanicien et le subrécargue étaient toujours dans la cabine,
contemplant l'horrible spectacle, quand on entendit un
nouveau coup de feu. Ils comprirent ce qui s'était passé.
Ils se précipitèrent dans la coursive. Le capitaine avait
regagné sa cabine et s'était fait sauter la cervelle. A ce
point, l'histoire devenait énigmatique. Impossible de trouver
la petite Malaise le lendemain matin, et lorsque le second
lieutenant, lequel avait pris le commandement du navire,
en fit la remarque au subrécargue, ce dernier déclara :
« Sans doute s'est-elle jetée à l'eau. Elle ne pouvait rien
faire de mieux, bon débarras. » Mais, avant l'aube, l'un
des matelots de quart avait remarqué le subrécargue et le
mécanicien sur le pont, transportant un lourd paquet, de
la taille d'une indigène. Après avoir regardé autour d'eux
pour s'assurer qu'on ne les observait pas, ils l'avaient jeté
par-dessus bord. Tout le monde à bord murmura que, pour
venger leurs amis, les deux hommes étaient allés étrangler
la fille dans sa cabine, puis qu'ils avaient jeté le corps dans
la mer. Quand le bateau atteignit Macassar, on les arrêta et
on les conduisit à Batavia pour être jugés. Les témoignages
étaient fragiles et ils furent acquittés. Mais, dans toute
l'Insulinde, on savait que le subrécargue et le chef-mécanicien avaient exécuté, de leurs mains, la traînée qui avait
causé la mort de leurs deux amis.

Ainsi prit fin l'amitié comique et célèbre des quatre gros
Hollandais.

---

l'expression **"above board"**, qui signifie *régulier, légal,
exempt de dissimulation.*
9. **flung (to fling, flung, flung)** : *jeter, projeter.*
10. **to be tried** : *être jugé.* **A trial** : *un procès.*
11. **the evidence** (invariable) : *les preuves, les témoignages.* Au sing. : **a piece of evidence.**
12. **flimsy** : *mince, léger, vaporeux.*
13. **the trollop** : *la traînée, la fille de rien.*

Révisions

1. Le voyage durait pratiquement un mois.
2. Nous avons passé une bonne soirée.
3. Je n'avais jamais vu quatre hommes aussi obèses.
4. On avait l'impression qu'ils allaient suffoquer.
5. Au début ils furent plutôt distants envers moi.
6. Ils acceptèrent de supporter ma présence.
7. Chacun tenait à tout prix à jouer la carte.
8. J'avais l'impression d'être rentré au bercail.
9. On donnait les noms, mais les noms ne me disaient rien.
10. Je consultai les anciens numéros du journal.
11. Les trois autres étaient opposés à sa venue.
12. Qu'avaient-ils à faire d'une femme sur le bateau ?
13. Il ne pouvait plus se passer d'elle.
14. La situation empira.
15. Un malheur n'allait pas tarder à se produire.
16. Il avait découvert ce qui se passait.
17. Le capitaine s'était fait sauter la cervelle.

1. The journey took the best part of a month.
2. We spent a merry evening.
3. They were the four fattest men I ever saw.
4. They looked as though they would choke.
5. At first they were a little stand-offish with me.
6. They were willing to put up with me.
7. Each was wildly determined to play the hand.
8. I felt as though I were home again.
9. The names were given, but the names meant nothing to me.
10. I looked through the back numbers of the paper.
11. The other three were against her coming.
12. What did they want with a woman in the ship ?
13. He was crazy about her.
14. Things went from bad to worse.
15. Something untoward was pending.
16. He had discovered what was going on.
17. The captain had blown his brains out.

The Back of Beyond

Au bout du monde

The Back of Beyond

George Moon was sitting in his office. His work was finished, and he lingered [1] there because he hadn't the heart to go down to the club. It was getting on towards tiffin time, and there would be a good many fellows hanging about [2] the bar. Two or three of them would [3] offer him a drink. He could not face their heartiness [4]. Some he had known for thirty years. They had bored him, and on the whole he disliked them, but now that he was seeing them for the last time it gave him a pang [5]. Tonight they were giving him a farewell dinner. Everyone would be there and they were presenting him with [6] a silver tea-service that he did not in the least want [7]. They would make speeches in which they would refer eulogistically [8] to his work in the colony, express their regret at his departure, and wish him long life to enjoy his well-earned leisure. He would reply suitably. He had prepared a speech in which he surveyed [9] the changes that had taken place in the F.M.S. since first, a raw cadet [10], he had landed at Singapore. He would thank them for their loyal cooperation with him during the term which it had been his privilege to serve as Resident at Timbang Belud, and draw a glowing picture [11] of the future that awaited the country as a whole and Timbang Belud in particular.

---

1. **to linger** : *s'attarder, ne pas se presser.*
2. **to hang about** : *traîner dans un endroit* (m. à m. : « *être suspendu autour* »). Rappelons que le verbe **to hang** est irrégulier (**to hang, hung, hung**) sauf lorsqu'il s'agit du supplice de la pendaison. Ex. : **the prisoner was hanged.**
3. **would** : conditionnel présent ayant, comme en français, valeur du futur (on formule une hypothèse).
4. **heartiness** : *jovialité, bonne humeur.*
5. **pang** : *douleur interne et de brève durée.*
6. **to present someone with something** : *Remettre* (un cadeau, une médaille) *avec une certaine solennité.*
7. **to want** : *désirer* ou *avoir besoin de* (want : *le dénuement*).
8. **eulogistically** : *sous une forme élogieuse* ("eulogy").
9. **to survey** : *examiner, procéder à un tour d'horizon.*

Au bout du monde

George Moon était assis dans son bureau. Il avait terminé son travail, et, s'il demeurait là, c'est qu'il n'avait pas le cœur à se rendre au club. Ce serait bientôt l'heure du déjeuner, et il devait déjà y avoir pas mal d'hommes au bar. Il s'en trouverait deux ou trois pour lui proposer un verre. Leur bonne humeur le laisserait indifférent. Certains d'entre eux étaient de très vieilles connaissances. Il les avait trouvés ennuyeux, et, dans l'ensemble, ne les aimait guère. Mais maintenant, la perspective de les voir pour la dernière fois lui causait un pincement au cœur. Ce soir, on donnait un dîner d'adieu en son honneur. Tout le monde serait là, et il allait recevoir un service à thé en argent, dont il n'avait absolument pas besoin. Il y aurait des discours, dans lesquels on ferait l'éloge de son œuvre pendant son séjour à la colonie, et l'on y exprimerait le regret de le voir partir, ainsi que des vœux de longévité, pour profiter d'un repos bien mérité. Il répondrait de façon appropriée. Son discours était tout prêt ; il y passait en revue l'évolution de la Fédération malaise depuis le jour où, jeune aspirant, il avait débarqué à Singapour. Il les remercierait pour la loyauté avec laquelle ils avaient collaboré avec lui, durant la période où il avait eu le privilège d'être résident à Timbang Belud. Il esquisserait un tableau brillant de l'avenir du pays, et de Timbang Belud en particulier.

---

10. **a raw cadet :** m. à m. : *un aspirant « cru », mal dégrossi.* En termes de cuisine, **"raw"** s'oppose à **"cooked"** ou à **"prepared"**.

11. **a glowing picture :** *un tableau* (image) *resplendissant.* **A glow worm :** *un ver luisant.*

He would remind them that he had known it as a poverty-stricken [1] village with a few Chinese shops and left it now a prosperous town with paved streets down which ran trams, with stone houses, a rich Chinese settlement [2], and a clubhouse second in splendour only to that of Singapore. They would sing "For he's a jolly good fellow" and "Auld Lang Syne". Then they would dance and a good many of the younger men would get drunk. The Malays had already given him a farewell party and the Chinese an interminable feast. Tomorrow a vast concourse would see him off [3] at the station and that would be the end of him [4]. He wondered what they would say of him. The Malays and the Chinese would say that he had been stern [5], but acknowledge that he had been just. The planters had not liked him. They thought him hard because he would not let them ride roughshod [6] over their labour [7]. His subordinates had feared him. He drove them [8]. He had no patience with [9] slackness or inefficiency. He had never spared himself and saw no reason why he should spare others. They thought him inhuman. It was true that there was nothing come-hither [10] in him. He could not throw off his official position when he went to the club and laugh at bawdy [11] stories, chaff and be chaffed. He was conscious that his arrival cast a gloom [12], and to play bridge with him (he liked to play every day from six to eight) was looked upon as a privilege rather than an entertainment.

---

1. **poverty-stricken :** *frappé par la pauvreté.* Noter la forme particulière du participe passé (forme normale : to strike, struck, struck). Il s'agit d'un archaïsme que l'on retrouve également dans l'expression "panick-stricken".

2. **a settlement :** « *un établissement* » (to settle) au sens de *comptoir, colonie.*

3. **to see someone off :** *se déranger pour accompagner une personne jusqu'à son départ.*

4. **the end of him :** m. à m. : *la fin de lui ;* donc : *c'en serait fait de lui* ou, comme ici, *on n'entendrait plus parler de lui.*

5. **stern :** *sévère* (syn. *strict*).

6. **to ride (rode, ridden) roughshod :** m. à m. : *piétiner avec des chaussures rugueuses.* Donc : *ne pas y aller de main morte.* Shoe : *la chaussure.* To be shod : *être chaussé.*

Il leur rappellerait que c'était à l'époque un village famélique, ne comptant que quelques boutiques tenues par des Chinois et que, aujourd'hui, c'était une ville prospère, aux rues pavées, sillonnées de tramways, avec des maisons de pierre, une opulente colonie chinoise et un club d'une splendeur presque aussi enviable que celui de Singapour. On chanterait *For he's a jolly good fellow* et *Auld Lang Syne*. On danserait, et bon nombre de jeunes gens s'enivreraient. Déjà, les Malais lui avaient offert une réception d'adieu, et les Chinois un banquet interminable. Demain, une foule nombreuse lui ferait cortège jusqu'à la gare, et c'en serait fini. Il se demandait comment on parlerait de lui. Les Malais et les Chinois s'accorderaient pour dire qu'il avait été sévère, mais juste. Les planteurs ne l'avaient guère aimé. Ils le trouvaient strict parce qu'il ne tolérait pas que l'on traitât la main-d'œuvre avec brutalité. Ses subordonnés l'avaient craint à cause de sa fermeté. Il n'avait aucune indulgence pour les étourdis ou pour les négligents. Il n'avait jamais ménagé sa peine et il ne voyait pas pourquoi il ménagerait celle des autres. On le trouvait inhumain, et, en vérité, il n'avait pas des manières avenantes. Quand il se rendait au club, il ne savait pas se dépouiller de son personnage officiel, ni rire à une histoire grivoise, ni blaguer et accepter d'être blagué. Son apparition, il s'en rendait compte, jetait un froid, et s'asseoir à sa table de bridge — il s'y trouvait chaque jour entre six et huit heures du soir — ressemblait davantage à une honorifique corvée qu'à une distraction.

---

7. **labour :** *le travail* ou *la main-d'œuvre.* **To be in labour :** *être en train d'accoucher.* **The Labour Party :** *le parti travailliste.* **To labour** se distingue de **to work** si l'on insiste sur la difficulté (cf. français : *laborieux*).

8. **he drove them :** m. à m. : *il les conduisait.* **To drive (drove, driven) :** *conduire un véhicule.* Mais **to drive somebody :** *contraindre quelqu'un.* **He will drive them mad :** *il finira par les rendre fous.*

9. **to have no patience with :** *ne pas supporter.*

10. **come-hither :** m. à m. : *viens ici.* C'est-à-dire avenant, qui donne envie d'être abordé.

11. **bawdy :** *grivois.* De **bawd :** *une maquerelle.*

12. **to cast (cast, cast) a gloom :** m. à m. : *jeter une ombre, un voile de tristesse.*

When at some other table a young man's four as the evening wore on [1] grew hilarious, he caught glances thrown in his direction and sometimes an older member would stroll up [2] to the noisy ones and in an undertone [3] advise them to be quiet. George Moon sighed a little. From an official standpoint [4] his career had been a success, he had been the youngest Resident ever appointed in the F.M.S., and for exceptional services a C.M.G. had been conferred upon him ; but from the human it had perhaps been otherwise. He had earned respect, respect for his ability, industry, and trustworthiness [5], but he was too clear-sighted [6] to think for a moment that he had inspired affection. No one would regret him. In a few months he would be forgotten.

He smiled grimly. He was not sentimental. He had enjoyed his authority, and it gave him an austere satisfaction to know that he had kept everyone up to the mark [7]. It did not displease him to think that he had been feared rather than loved. He saw his life as a problem in higher mathematics, the working-out [8] of which had required intense application of all his powers, but of which the result had not the least practical consequence. Its interest lay in its intricacy and its beauty in its solution. But like pure beauty it led nowhither [9]. His future was blank [10]. He was fifty-five, and full of energy, and to himself his mind seemed as alert as ever, his experience of men and affairs was wide :

---

1. **to wear (wore, worn) on :** (à propos d'une phase de la journée ou d'une période quelconque) : *tendre vers sa fin, s'écouler.*
2. **to stroll up :** *s'avancer d'un pas nonchalant.* To go for a stroll : *aller faire une petite balade.*
3. **an undertone** (cf. français « sous-entendu ») : *une manière discrète de parler ou de se faire comprendre.*
4. **standpoint :** *point de vue* (syn. viewpoint).
5. **trustworthiness :** *le fait d'être digne de confiance* (= trust + worthy + ness).
6. **clear-sighted :** *lucide* (litt. « qui a la vue claire »).
7. **up to the mark :** *au niveau que l'on doit exiger.*
8. **working-out :** de to work out : *cogiter, être absorbé par la résolution d'un problème.*

Lorsque, à une autre table, de jeunes joueurs commençaient à rire, il captait des regards lancés dans sa direction et, parfois, un vieux membre du club allait tranquillement trouver les jeunes tapageurs pour les prier discrètement de faire un peu moins de bruit. George Moon poussa un petit soupir. Sur le plan professionnel, sa carrière avait été une réussite. Il avait été, à l'époque, le plus jeune résident jamais nommé dans la Fédération malaise, et il avait reçu le C.M.G. pour services exceptionnels. Mais, sur le plan personnel, peut-être en allait-il différemment. On avait respecté ses capacités, sa conscience professionnelle et son intégrité, mais il était trop lucide pour s'imaginer une minute que l'on s'était attaché à sa personne. Il ne laisserait aucun regret et, d'ici quelques mois, on l'aurait oublié.

Il eut un sourire amer. Ce n'était pas qu'il fût sentimental. Il avait aimé exercer son autorité, et il éprouvait une satisfaction austère à l'idée d'avoir efficacement dirigé ses subordonnés. Le fait d'avoir suscité plus de crainte que d'amour n'était pas pour lui déplaire. Il avait de son existence une conception analogue à celle qu'il avait des mathématiques, elle se ramenait à un problème dont la résolution exigeait une intense concentration, mais dont la solution n'avait pas la moindre importance. Tout l'intérêt se situait dans la complexité et dans la finesse du raisonnement. Mais, pas plus que la beauté pure, celui-ci ne possédait de finalité. Il ne voyait pas son avenir. A cinquante-cinq ans, il débordait d'énergie, et il se sentait aussi alerte mentalement qu'il l'avait jamais été. Il possédait une expérience considérable des hommes et des affaires.

---

9. **nowhither :** tournure puriste pour "nowhere" *(nulle part).*
10. **blank** (du français « *blanc* ») : *vide, vierge.* Ex. : a **blank page** *(une page vierge),* a **blank look** *(un regard vide d'expression).* Penser au français « *tirer à blanc* ».

all that remained to him was to settle down [1] in a country town in England or in a cheap part of the Riviera and play bridge with elderly ladies and golf with retired colonels. He had met, when on leave, old chiefs of his [2], and had observed with what difficulty they adapted themselves to the change in their circumstances [3]. They had looked forward to the freedom that would be theirs when they retired and had pictured the charming uses [4] to which they would put their leisure. Mirage. It was not very pleasant to be obscure after having dwelt in a spacious Residency, to make do with [5] a couple of maids when you had been accustomed to the service of half a dozen Chinese boys and, above all, it was not pleasant to realize that you did not matter a row of beans [6] to anyone when you had grown used to the delicate flattery of knowing that a word of praise could delight and a frown [7] humiliate all sorts and conditions of men.

George Moon stretched out his hand and helped himself to a cigarette from the box on his desk. As he did so he noticed all the little lines on the back of his hand and the thinness of his shrivelled [8] fingers. He frowned with distaste. It was the hand of an old man. There was in his office a Chinese mirror-picture that he had bought long ago and that he was leaving behind. He got up and looked at himself in it. He saw a thin yellow face, wrinkled and tight-lipped [9], thin grey hair [10], and grey tired eyes.

---

1. **to settle down :** s'établir, s'installer ; également : se ranger, « se caser ».
2. **old chiefs of his :** certains de ses anciens chefs.
3. **their circumstances :** leurs conditions de fortune.
4. **the charming uses :** m. à m. : les usages charmants, c'est-à-dire les agréables passe-temps.
5. **to make (made, made) do with :** s'arranger, se débrouiller avec, se contenter de par nécessité.
6. **a row of beans :** une rangée de haricots (cf. français « compter pour du beurre »).
7. **a frown :** un froncement de sourcils.
8. **shrivelled :** flétri, plissé, ratatiné.

Or, il ne lui restait plus qu'à se retirer dans une ville de province en Angleterre, ou dans quelque endroit bon marché de la Côte d'Azur, pour y jouer au bridge avec de vieilles dames, ou au golf avec des colonels en retraite. Lors de ses congés, il lui était arrivé de retrouver des hommes qui avaient été ses supérieurs, et il avait noté avec quelle difficulté ils s'adaptaient à leur nouvelle vie. Ils avaient rêvé à la liberté dont ils disposeraient une fois leur retraite arrivée, et aux agréments que leur procureraient leurs loisirs. C'était un mirage. Il n'était pas très agréable de tomber dans la médiocrité après avoir vécu dans une spacieuse résidence, de se contenter de deux bonnes après avoir été servi par une demi-douzaine de boys chinois ; et, surtout, il était particulièrement désagréable de sentir que l'on se souciait de vous comme de l'an quarante, après avoir goûté au subtil plaisir de savoir à quel point, soit par une parole flatteuse, soit par un froncement de sourcils, vous pouviez dispenser alentour, tantôt la joie, et tantôt la confusion.

George Moon tendit la main vers sa boîte de cigarettes. Et en accomplissant ce geste, il nota toutes les petites rides qui sillonnaient le dos de cette main, ainsi que la minceur de ses doigts desséchés. Il fit la grimace : une main de vieillard. Il y avait dans son bureau un miroir chinois qu'il avait acheté des années auparavant et qu'il n'avait pas voulu emporter avec lui. Il alla s'y regarder. Il vit un maigre visage jaune, tout ridé, aux lèvres minces, des cheveux gris et clairsemés, un regard terne et triste.

---

9. **tight-lipped** : *aux lèvres serrées.* Autres expressions : **tight-fisted** : *avare* (aux poings serrés) ; **thick-skinned** : *épais, obtus* (à la peau épaisse) ; **thin-skinned** : *susceptible ;* **short-sighted** : *myope.*
10. **thin grey hair** : m. à m. : *chevelure grise clairsemée.*

He was tallish, very spare, with narrow shoulders, and he held himself erect. He had always played polo and even now could beat most of the younger men at tennis. When you talked to him he kept his eyes fixed on your face, listening attentively, but his expression did not change, and you had no notion [1] what effect your words had on him. Perhaps he did not realize how disconcerting this was. He seldom smiled.

An orderly came in with a name written on a chit [2]. George Moon looked at it and told him to show the visitor in [3]. He sat down once more in his chair and looked with his cold eyes at the door through which in a moment the visitor would come. It was Tom Saffary, and he wondered what he wanted. Presumably [4] something to do with the festivity that night. It had amused him to hear [5] that Tom Saffary was the head of the committee that had organized it, for their relations during the last year had been far from cordial. Saffary was a planter and one of his Tamil overseers had lodged a complaint [6] against him for assault [7]. The Tamil had been grossly insolent to him and Saffary had given him a thrashing [8]. George Moon realized that the provocation was great, but he had always set his face against [9] the planters taking the law in their own hands [10], and when the case was tried he sentenced Saffary to a fine [11].

---

1. **to have no notion :** *ne pas avoir la moindre idée.*
2. **a chit :** *un bout de papier sur lequel on griffonne une note ; un reçu de caisse.*
3. **to show (showed, shown) someone in :** *faire entrer quelqu'un* (dans une pièce).
4. **presumably :** « *présumément* » (exprime une supposition).
5. **to hear :** *apprendre* (par ouï-dire).
6. **to lodge a complaint :** *porter plainte au tribunal.*
7. **assault :** *coups et blessures.*
8. **a thrashing :** *une correction.* Doublet : **to thresh** *(battre le blé après la moisson).*

Il était plutôt grand, très décharné, de carrure étroite, et il se tenait très droit. Il n'avait jamais cessé de jouer au polo, et encore aujourd'hui, il tenait tête à la plupart des tennismen plus jeunes que lui. Lorsqu'on lui parlait, il gardait les yeux fixés sur vous, écoutant très attentivement, mais en conservant une expression immuable, de sorte que vous ne pouviez pas avoir la moindre idée de l'effet produit par vos paroles. Sans doute ne se rendait-il pas compte de l'impression déconcertante qu'il donnait ainsi à son interlocuteur. Il souriait rarement.

Un employé entra et lui tendit un bout de papier sur lequel était inscrit un nom. George Moon y jeta un coup d'œil et dit de faire entrer le visiteur. Il reprit place dans son fauteuil, et fixa d'un regard froid la porte qui allait s'ouvrir. C'était Tom Saffary, et il se demandait ce qu'il voulait. Sans doute s'agissait-il de la fête de ce soir. Il avait souri en apprenant que Tom Saffary en était l'organisateur principal, car depuis l'an dernier leurs relations laissaient beaucoup à désirer. Saffary était planteur, et l'un de ses contremaîtres tamils avait porté plainte pour coups et blessures. Le Tamil s'était montré d'une rare insolence, et Saffary lui avait infligé une correction. George Moon ne méconnaissait pas les torts de la victime, mais il s'était toujours opposé à ce que les planteurs se fissent justice à eux-mêmes, et à l'issue de l'audience il avait infligé une amende à Saffary.

---

9. **to set (set, set) one's face against :** *faire face à, affronter.*
10. **to take the law in one's own hands :** *se faire justice soi-même.*
11. **a fine :** *une amende.*

But when the court rose, to show that there was no ill-feeling he asked Saffary to luncheon : Saffary, resentful of [1] what he thought an unmerited affront, curtly [2] refused and since then had declined to have any social relations with the Resident. He answered when George Moon, casually [3], but resolved not to be affronted, spoke to him ; but would play neither bridge nor tennis with him. He was manager of the largest rubber estate in the district, and George Moon asked himself sardonically whether he had arranged the dinner and collected subscriptions for the presentation because he thought his dignity required it or whether, now that his Resident was leaving, it appealed to his sentimentality to make a noble gesture [4]. It tickled [5] George Moon's frigid sense of humour to think that it would fall to [6] Tom Saffary to make the principal speech of the evening, in which he would enlarge upon [7] the departing Resident's admirable qualities and voice [8] the community's regret at their irreparable loss.

Tom Saffary was ushered in [9]. The Resident rose from his chair, shook hands with him and thinly smiled.

"How do you do ? Sit down. Won't you have a cigarette ?"

"How do you do ?"

Saffary took the chair to which the Resident motioned [10] him, and the Resident waited for him to state his business.

---

1. **resentful** : *qui garde rancune* (d'un fait précis). *Être rancunier* de caractère : to be a resentful disposition.
2. **curtly** : *de manière sèche, abrupte ; d'un ton cassant.*
3. **casually** : *de façon banale, sans avoir l'air d'y toucher.*
4. **to make a noble gesture** : *faire un geste* (un beau geste). **Noble** est fréquemment employé dans le sens de *beau, admirable.*
5. **to tickle** : 1) *chatouiller ;* 2) *amuser, faire appel* au sens du comique.
6. **to fall (fell, fallen) to** : *incomber à* (une personne).
7. **to enlarge upon (a theme)** : *développer un sujet,* dans un discours ou dans un article.

Lorsque les juges se levèrent, il invita Saffary à déjeuner pour lui montrer qu'il ne lui en voulait pas personnellement. S'estimant injustement humilié, Saffary avait sèchement décliné l'invitation et, depuis lors, il avait rompu toute relation avec le résident. Il répondait à George Moon lorsque, feignant l'indifférence, mais décidé à ne pas subir d'affront, ce dernier lui adressait la parole ; mais il refusait de jouer au bridge ou au tennis avec lui. Sa plantation de caoutchouc était la plus importante de la région, et George Moon se demandait ironiquement s'il avait organisé le dîner, et recueilli les fonds nécessaires pour acheter le cadeau d'adieu, parce qu'il estimait que son rang l'exigeait, ou si le départ du résident avait déclenché en lui une réaction sentimentale. Avec son sens de l'humour glacial, George Moon riait intérieurement en songeant que Tom Saffary devrait prononcer le principal discours de la soirée, discours où il insisterait sur les admirables qualités du résident sortant, et où il exprimerait les sentiments de toute la communauté devant cette irréparable perte.

On introduisit Tom Saffary. Le résident se leva, lui serra la main et eut un pâle sourire.

— Comment allez-vous ? Prenez place ; cigarette ?

— Comment allez-vous ?

Saffary s'assit dans le fauteuil que lui offrait le résident, et celui-ci attendit qu'il lui indiquât l'objet de sa visite.

---

8. **to voice :** *se faire le porte-parole* (ici : de la communauté).

9. **to usher in :** *faire entrer dans une pièce par l'intermédiaire d'un appariteur* (*un appariteur :* **an usher**). *Un huissier de justice :* **a bailiff**.

10. **to motion someone (to a seat) :** *indiquer du geste* (un siège) *à un visiteur.*

He had a notion [1] that his visitor was embarrassed. He was a big, burly, stout fellow, with a red face and a double chin, curly black hair, and blue eyes. He was a fine figure of a man [2], strong as a horse [3], but it was plain he did himself too well [4]. He drank a good deal and ate too heartily. But he was a good business man and a hard worker. He ran his estate [5] efficiently. He was popular in the community. He was generally known as a good chap [6]. He was free with his money and ready to lend a helping hand [7] to anyone in distress. It occurred to the Resident that Saffary had come in order before the dinner to compose the difference [8] between them. The emotion that might have occasioned such a desire excited in the Resident's sensibility a very faint, good-humoured contempt [9]. He had no enemies because individuals did not mean enough to him for him to hate any of them, but if he had, he thought, he would have hated them to the end [10].

"I dare say [11] you're a bit suprised to see me here this morning, and I expect, as it's your last day and all that [12], you're pretty busy."

George Moon did not answer, and the other went on.

"I've come on rather an awkward business [13]. The fact is that my wife and I won't be able to come to the dinner tonight, and after that unpleasantness [14] we had together last year I thought it only right to come and tell you that it has nothing to do with [15] that.

---

1. **a notion** : *une idée, une opinion*. Mais le fr. *notion* au sens de *connaissances rudimentaires* se traduira par "rudiments".

2. **a fine figure of a man** : *un bel homme.*

3. **strong as a horse** : m. à m. : *fort comme un cheval.*

4. **to do oneself well** : *se faire plaisir, ne rien se refuser.*

5. **estate** : *les biens, l'ensemble des richesses* ou (c'est le cas ici) *la propriété foncière, la plantation.*

6. **a good chap** : *un brave type.*

7. **a helping hand** : m. à m. : *une main aidante* (une main secourable).

8. **to compose a difference** : 1) a difference = *un dif-*

Saffary paraissait embarrassé. C'était un gros bonhomme, gauche et massif, au visage rougeaud, orné d'un double menton, à la chevelure noire et aux yeux bleus. Il avait une stature colossale et devait avoir une force de taureau, mais il était visible qu'il ne surveillait ni sa boisson ni sa nourriture. C'était un homme d'affaires habile et un gros travailleur. Sa plantation marchait bien. Il était populaire et il avait la réputation d'être un brave type. Il ne regardait pas à la dépense, et il était toujours prêt à donner un coup de main à quiconque se trouvait dans le besoin. Le résident se prit à penser que Saffary était venu le voir avant le dîner pour sceller leur réconciliation. Le sentiment qui pouvait avoir inspiré pareille démarche suscitait chez le résident une bienveillance teintée de mépris. Il n'avait pas d'ennemis, car il s'intéressait trop peu aux gens pour être capable de haïr qui que ce fût, mais, en eût-il connu, il savait que sa haine eût alors été totale.

— Vous devez être un peu surpris de ma visite ce matin et, comme c'est votre dernière journée, vous avez sans doute pas mal de choses à faire.

George Moon ne répondit pas, et l'autre poursuivit :

— Je suis venu pour une histoire ennuyeuse. En fait, ma femme et moi ne pourrons pas venir ce soir, et après cette affaire entre nous l'an dernier, je voulais tout de même vous dire que ça n'a rien à voir.

---

férend, une brouille ; 2) **to compose** : *trouver un accommodement, effectuer une réconciliation.*

9. **a faint, good-humoured contempt :** 1) contempt : *le mépris, le dédain ;* 2) **faint** : *léger, faible ;* 3) **good-humoured** : *bienveillant, enjoué, tolérant.*

10. **to the end :** *jusqu'au bout, sans en démordre.*

11. **I dare say** (m. à m. : *j'ose dire*) : formule courante dont l'équivalent approximatif serait « *il me semble que* » ou « *il n'y a pas de doute* », suivant le contexte.

12. **... and all that :** formule évasive (cf. français « *et tout ce qui s'en suit* »).

13. **an awkward business :** *une affaire embarrassante.* Awkward : *gauche, maladroit* (d'une personne).

14. **that unpleasantness :** encore une formule évasive (m. à m. : *cette chose déplaisante, cette histoire désagréable*).

15. **to do with :** *avoir un rapport* (une chose ou une personne avec une autre). Ex : **I have nothing to do with it** : *je n'y suis pour rien.*

I think you treated me very harshly ; it's not the money I minded [1], it was the indignity, but bygones are bygones [2]. Now that you're leaving I don't want you to think that I bear any more ill-feeling towards you."

"I realized that when I heard that you were chiefly responsible for the send-off [3] you're giving me," answered the Resident civilly. "I'm sorry that you won't be able to come tonight."

"I'm sorry, too. It's on account of [4] Knobby Clarke's death." Saffary hesitated for a moment. "My wife and I were very much upset by it."

"It was very sad. He was a great friend of yours, wasn't he ?"

"He was the greatest friend I had in the colony."

Tears shone in Tom Saffary's eyes. Fat men are very emotional, thought George Moon.

"I quite understand [5] that in that case you should have no heart for what looks like being [6] a rather uproarious party," he said kindly. "Have you heard anything of the circumstances ?"

"No, nothing but what appeared in the paper."

"He seemed all right when he left here."

"As far as I know he'd never had a day's illness [7] in his life."

"Heart, I suppose. How old was he ?"

"Same age as me. Thirty-eight."

"That's young to die."

---

1. **to mind something :** *avoir une objection à l'égard d'une chose.* Autre sens de "to mind" dans l'expression "to mind one's business" : *se mêler de ses affaires, de ce qui vous regarde.*
2. **bygones are bygones** (ou "let bygones be bygones") : *passons l'éponge sur le passé.* To go by : *s'écouler* (dans le temps). Donc **"bygones"** : *les choses qui se sont écoulées dans le passé.*
3. **a send-off** (de to send, sent, sent : *envoyer*) : *une cérémonie en l'honneur du départ de quelqu'un* (to be off : *s'en aller*).
4. **on account of :** *à cause de, en raison de* (syn. **because of**).
5. **I quite understand that :** m. à m. : *je comprends bien que .*

Vous avez été très injuste avec moi. Ce n'était pas une question d'argent, c'était l'humiliation, mais enfin, n'en parlons plus. Vous partez, et je ne veux pas que vous pensiez que je vous en veux encore.

— Je le sais, puisque j'ai appris que c'est vous qui avez organisé le dîner d'adieu de ce soir, répondit courtoisement le résident. Je regrette que vous ne puissiez pas venir.

— Moi aussi, c'est à cause de la mort de Knobby Clarke. Saffary hésita. Ma femme et moi en avons été bouleversés.

— C'est bien triste. Je crois que vous étiez très amis ?

— C'était mon meilleur ami dans la colonie.

Les yeux de Tom Saffary s'embuèrent de larmes. Curieux, comme les gros sont sentimentaux, pensa George Moon.

— Il est tout naturel que vous n'ayez pas envie de venir à une fête qui sera probablement tapageuse, dit-il. Comment est-ce arrivé, au juste ?

— Je ne sais rien d'autre que ce qu'il y avait dans le journal.

— Il semblait en bonne santé quand il est parti.

— Pour autant que je sache, il n'avait jamais été malade de sa vie.

— Le cœur, probablement. Quel âge avait-il ?

— Trente-huit ans.

— C'est jeune pour mourir.

---

6. **what looks like being** : m. à m. : *ce qui a l'air de devoir être.*

7. **a day's illness** : *une journée de maladie.* Rappelons que le cas possessif peut s'employer, non seulement à propos des personnes (ex. : **Jack's house**) mais aussi des expressions de temps (ex. : **a minute's walk,** etc.).

Knobby Clarke was a planter and the estate he managed [1] was next door to Saffary's. George Moon had liked him. He was a rather ugly man, sandy [2], with high cheek-bones and hollow temples, large pale eyes in deep sockets [3] and a big mouth. But he had an attractive smile and an easy manner. He was amusing and could tell [4] a good story. He had a careless good-humour that people found pleasing. He played games well. He was no fool [5]. George Moon would have said he was somewhat colourless. In the course of his career he had known a good many men like him. They came and went [6]. A fortnight before, he had left for England on leave and the Resident knew that the Saffarys had given a large dinner-party on his last night. He was married and his wife of course went with him.

"I'm sorry for her," said George Moon. "It must have been a terrible blow. He was buried [7] at sea, wasn't he ?"

"Yes. That's what it said in the paper."

The news had reached Timbang the night before. The Singapore papers arrived at six, just as people were getting to the club, and a good many men waited to play bridge or billiards till they had had a glance at them. Suddenly one fellow had called out :

"I say [8], do you see this ? Knobby's dead."

"Knobby who ? Not Knobby Clarke ?"

There was a three-line paragraph in a column of general intelligence [9] :

---

1. **to manage an estate :** *gérer, s'occuper de* (verbe d'origine française, cf. ménage).

2. **sandy :** *couleur de sable.* Sand : *le sable ;* sand paper : *le papier de verre.*

3. **socket :** *l'orbite* (de l'œil) ou tout solide dont la forme permet un emboîtement.

4. **could tell :** m. à m. : *pouvait dire ou raconter.* Can équivaut dans de nombreux cas au français « *savoir* ». (Ex. : you can speak english, they can play bridge, she can drive, etc.).

5. **to be no fool :** *ne pas être idiot.* To fool somebody : *faire marcher quelqu'un, le duper.* Something foolish : *une légèreté, un acte inconsidéré.*

Knobby Clarke était planteur et son domaine était tout près de celui de Saffary. George Moon l'aimait bien. C'était un homme plutôt laid, au teint crayeux, aux pommettes très saillantes, aux tempes étroites, aux yeux pâles, enfoncés dans leurs orbites, à la bouche trop large. Mais il avait un sourire et une aisance qui le rendaient sympathique. Il était amusant et savait raconter une histoire. On l'aimait pour sa simplicité et son bon caractère. Il était sportif, et il était loin d'être bête. Peut-être était-il un peu terne pour un homme tel que George Moon qui, au cours de sa carrière, avait connu beaucoup d'hommes de ce genre. On les oubliait vite. Quinze jours plus tôt, Clarke était parti en congé pour l'Angleterre ; le résident savait que les Saffary avaient eu un dîner la veille de son départ. Il était marié et, naturellement, sa femme l'accompagnait.

— Elle me fait de la peine, dit George Moon. Quel coup terrible ! On a célébré les obsèques en mer, n'est-ce pas ?

— Oui, je l'ai lu dans le journal.

On avait appris la nouvelle à Timbang la veille au soir. Les journaux de Singapour arrivaient à six heures, à l'heure où l'on commençait à se rendre au club. De nombreux membres y jetaient un coup d'œil avant de commencer leur bridge ou leur partie de billard. Tout à coup un type annonça :

— Dites donc ! Avez-vous vu ça ? Knobby est mort !

— Knobby qui ? Pas Knobby Clarke ?

Il y avait juste trois lignes dans une colonne de faits divers :

---

6. **to come and go :** m. à m. : *venir et aller ;* c'est-à-dire ne faire que passer, être vite oublié.

7. **to bury :** *enterrer, ensevelir.* **Burial :** *les obsèques.*

8. **I say :** m. à m. : *je dis.* Expression très fréquente : « *dites donc !* ».

9. **general intelligence :** *intelligence* au sens de nouvelles, *renseignements* (cf. **intelligence service :** *le service de renseignements, le contre-espionnage*).

Messrs Star, Mosley and Co. have received a cable informing them that Mr Harold Clarke of Timbang Batu died suddenly on his way home and was buried at sea.

A man came up and took the paper from the speaker's hand, and incredulously read the note for himself. Another peered [1] over his shoulder. Such as happened to be reading the paper turned to the page in question and read the three different lines.

"By George [2]," cried one.

"I say, what tough luck [3]," said another.

"He was as fit as a fiddle [4] when he left here."

A shiver of dismay [5] pierced those hearty, jovial, careless men, and each one for a moment remembered that he too was mortal. Other members came in and as they entered, braced [6] by the thought of the six o'clock drink, and eager to meet their friends, they were met by the grim tidings [7].

"I say, have you heard ? Poor Knobby Clarke's dead."

"No ? I say, how awful !"

"Rotten luck [8], isn't it ?"

"Rotten."

"Damned good sort [9]."

"One of the best."

"It gave me quite a turn [10] when I saw it in the paper just by chance."

"I don't wonder."

---

1. **to peer :** *s'efforcer de lire en plissant les yeux.*
2. **by George :** saint George est le Patron de l'Angleterre. D'où le juron.
3. **tough luck :** m. à m. : *dure chance.* Donc « *quelle poisse* ». Tout le dialogue qui suit met en scène de jeunes aristocrates, reconnaissables au parler "**public school**" très stéréotypé que leur prête l'auteur.
4. **as fit as a fiddle :** m. à m. : *aussi dispos qu'un violon.* On peut supposer que le choix s'est porté sur le mot "**fiddle**" en raison de l'assonance "**fit/fiddle**".
5. **dismay :** *l'effroi.*
6. **to brace :** *fortifier, donner du courage.* A bracing climate : *un climat sain, fortifiant.*

Messrs. Star, Mosley & C° apprennent par télégramme la mort subite de Mr. Harold Clarke de Timbang Batu, alors qu'il regagnait l'Angleterre. Les obsèques ont eu lieu en mer.

Quelqu'un s'approcha de l'homme qui avait lu la nouvelle, et prit le journal pour lire lui-même l'annonce, tandis qu'un autre se penchait par-dessus son épaule. Ceux qui lisaient le journal de leur côté se reportèrent à la page en question pour voir la nouvelle.

— Bon sang ! s'exclamait quelqu'un.

— Quelle déveine ! disait un autre.

— Il se portait si bien quand il est parti !

Un frisson d'horreur déferla sur ces hommes simples, joyeux et insouciants. Pendant un instant ils se rappelèrent qu'eux aussi étaient mortels. D'autres membres arrivaient, et à peine étaient-ils entrés, tout à l'idée de leur apéritif et de retrouver leurs amis, qu'on leur annonçait la triste nouvelle.

— Dis donc, tu n'es pas au courant ? Le pauvre Knobby Clarke est mort !

— Non ! Ce n'est pas vrai ! Mais c'est terrible !

— Quelle déveine, hein !

— Tu peux le dire !

— C'était un chic type !

— Il n'y avait pas plus chic type !

— Je suis tombé sur l'article par hasard dans le journal et ça m'a fait un choc.

— Pas étonnant !

---

7. **tidings :** *les nouvelles* (terme « poétique » qui ne s'emploie qu'au pluriel).

8. **rotten luck :** m. à m. : *chance pourrie.*

9. **damned good sort :** m. à m. : *damnée bonne sorte* (sous-entendu : **"he was a damned good sort of fellow"**).

10. **quite a turn :** m. à m. : *tout à fait un tour (une attaque),* comprenons : *j'ai failli me trouver mal.*

One man with the paper in his hand went into the billiard-room to break the news [1]. They were playing off [2] the handicap for the Prince of Wales's Cup. That august personage had presented it to the club on the occasion of his visit to Timbang Belud. Tom Saffary was playing against a man called Douglas, and the Resident, who had been beaten in the previous round [3], was seated with about a dozen others watching the game. The marker was monotonously calling out the score. The newcomer waited for Saffary to finish his break [4] and then called out to him.

"I say, Tom, Knobby's dead."

"Knobby ? It's not true."

The other handed him the paper. Three or four gathered round to read with him.

"Good God [5] !"

There was a moment's awed silence [6]. The paper was passed from hand to hand. It was odd that none seemed willing to believe till he saw it for himself in black and white.

"Oh, I am sorry."

"I say, it's awful for his wife," said Tom Saffary. "She was going to have a baby. My poor missus [7] 'll be upset."

"Why [8], it's only a fortnight since he left here."

"He was all right then."

"In the pink [9]."

Saffary, his face red sagging [10] a little, went over to a table and, seizing his glass, drank deeply.

---

1. **to break (broke, broken) the news** : *annoncer la nouvelle.*
2. **to play off** : *jouer jusqu'au bout, complètement.*
3. **the previous round** : *le tour* (et non le round... !) *précédent.*
4. **his break** : *sa série* (qui débute au point où il a interrompu — **broken** — celle de son adversaire).
5. **good god !** : juron moins fort que son équivalent littéral en français.
6. **awed silence** : *un silence impressionnant.*
7. **my missus** : terme familier, mais d'un registre moins populaire que ne l'est en français « ma bourgeoise ».

Quelqu'un entra avec le journal dans la salle de billard pour annoncer la nouvelle. On y disputait les éliminatoires pour la Coupe du Prince de Galles. Cet illustre personnage l'avait offerte au club, à l'occasion de sa visite à Timbang Belud. Tom Saffary avait pour adversaire un certain Douglas, et le résident, qui avait été éliminé au tour précédent, regardait la partie avec une douzaine d'autres joueurs. Le marqueur annonçait le score d'un ton monotone. Le nouvel arrivant attendit que Saffary ait terminé sa série, puis il l'interpella :

— Dis, Tom. Knobby est mort.

— Knobby ? Pas vrai !

Il lui tendit le journal. Trois ou quatre têtes se penchèrent pour lire.

— Bon sang !

Tout le monde se tut. Le journal circula de main en main. Curieusement, personne ne voulait y croire avant d'avoir, de ses propres yeux, lu la nouvelle.

— Comme c'est triste !

— Dites donc, dit Tom Saffary, c'est affreux pour sa femme. Elle attend un bébé. C'est la mienne qui va avoir un choc !

— Voilà à peine quinze jours qu'il est parti !

— Il allait très bien.

— En pleine forme.

Saffary, avec un hochement de son visage rougeaud, alla s'asseoir à une table et vida son verre d'un trait.

---

8. **why** (interjection) : *tiens !* Ne pas confondre avec l'adverbe *(pourquoi)*.

9. **in the pink :** m. à m. : *dans le rose.* Se dit à propos de la santé ou de la fortune : *prospère, florissant.*

10. **to sag :** *s'affaisser, pendre sous son propre poids.*

"Look here, Tom," said his opponent, "would you like to call the game off [1] ?"

"Can't [2] very well do that." Saffary's eye sought the score board and he saw that he was ahead. "No, let's finish. Then I'll go home and break it [3] to Violet."

Douglas had his shot [4] and made fourteen. Tom Saffary missed an easy in-off, but left nothing. Douglas played again, but did not score and again Saffary missed a shot that ordinarily he could have been sure of. He frowned a little. He knew his friends had betted on him pretty heavily and he did not like the idea of failing them. Douglas made twenty-two. Saffary emptied his glass and by an effort of will that was quite patent [5] to the sympathetic onlookers settled down [6] to concentrate on the game. He made a break of eighteen and when he just failed to do a long Jenny [7] they gave him a round of applause. He was sure of himself now and began to score quickly. Douglas was playing well too, and the match grew exciting to watch. The few minutes during which Saffary's attention wandered had allowed his opponent to catch up with [8] him, and now it was anybody's game [9].

"Spot [10] two hundred and thirty-five," called the Malay, in his queer clipped [11] English. "Plain two hundred and twenty-eight. Spot to play."

---

1. **to call off** : *demander* — et obtenir — *l'arrêt d'un processus (jeu ou autre).*
2. **can't** = I cannot.
3. **to break it** = to break the news (voir *supra*).
4. **had his shot** : m. à m. : *eut son coup,* c'est-à-dire : eut sa chance, vint son tour de frapper la boule.
5. **that was quite patent** : m. à m. : *qui était tout à fait patent* (flagrant).
6. **settled down** : *se calma, s'apaisa.*
7. **a long Jenny** (terme technique) : *une pointe près de la bande.*
8. **to catch (caught, caught) up with** : *rattraper son retard sur qqn.*
9. **it was anybody's game** : m. à m. : *le jeu appartenait à n'importe qui.* C'est-à-dire qu'il était impossible de dire lequel des deux allait remporter la partie.

— Dis-moi, Tom, lui demanda son adversaire, si on interrompait la partie ?

— Ce n'est guère possible. Il jeta un coup d'œil au tableau et s'aperçut qu'il menait. Non, terminons. Ensuite je rentrerai pour annoncer la nouvelle à Violette.

C'était à Douglas de jouer, et il fit quatorze points. Tom Saffary manqua un carambolage facile, mais ne laissa pas de points à Douglas. Douglas reprit la queue mais ne fit pas de points, et, de nouveau, Saffary rata une boule que, normalement, il eût assurée. Il fit une petite grimace. Il savait que ses amis avaient misé pas mal d'argent sur lui, et il ne voulait pas les décevoir. Douglas marqua vingt-deux points. Saffary vida son verre et dans un sursaut de volonté qui fit l'admiration de ses supporters il se concentra sur son jeu. Ses supporters se mirent à suivre la partie avec la plus grande attention. Il marqua dix-huit points de suite et, interrompant la série sur une pointe près de la bande, recueillit des applaudissements. Il avait repris confiance, et se mit à marquer rapidement. Mais Douglas était un bon joueur et la partie devint passionnante. Les quelques minutes d'inattention de Saffary avaient permis à son adversaire de rattraper son retard, et la partie était redevenue très ouverte.

— Mouche, deux cent trente-cinq, annonça le Malais dans son anglais saccadé. Blanche, deux cent vingt-huit. A mouche de jouer.

---

10. **spot** (terme technique) : *mouche,* car on a tracé sur l'une des deux boules une petite marque à l'encre de Chine (**a spot**) afin de la distinguer de celle de l'adversaire. L'autre boule est restée **"plain"** (blanche, sans tache) et par métonymie le marqueur désigne chaque joueur du nom de la boule avec laquelle il joue.

11. **clipped :** *coupé, entrecoupé, haché, saccadé.*

Douglas made eight, and then Saffary, who was plain, drew up to two hundred and forty. He left his opponent a double balk. Douglas hit neither ball, and so gave Saffary another point.

"Spot two hundred and forty-three," called the marker. "Plain two hundred and forty-one. Plain to play."

Saffary played three beautiful shots off the red [1] and finished the game.

"A popular victory," the bystanders [2] cried.

"Congratulations, old man," said Douglas.

"Boy," called Saffary, "ask these gentlemen what they'll have [3]. Poor old Knobby."

He sighed heavily. The drinks were brought and Saffary signed the chit [4]. Then he said he'd be getting along. Two others had already begun to play.

"Sporting of him [5] to go on like that," said someone when the door was closed on Saffary.

"Yes, it shows grit [6]."

"For a while I thought his game had gone all to pieces [7]."

"He pulled himself together [8] in grand style. He knew there were a lot of bets on him. He didn't want to let his backers down [9]."

"Of course it's a shock, a thing like that."

"They were great pals. I wonder what he died of."

"Good shot [10], sir."

---

1. **off the red** : *bille en tête* (le joueur frappe sa boule avec la rouge : sa propre boule est en tête).
2. **the bystanders** = those who stand by : *les spectateurs qui sont debout autour.*
3. **what they'll have** : sous-entendu "to drink". Quand on offre un verre à un ami, on lui demande "What will you have ?".
4. **the chit** : *le ticket sur lequel est mentionné le montant des consommations.*
5. **sporting of him** : *c'est sportif de sa part.*
6. **it shows grit** = he is a man of grit : *un homme qui a du cran.* Grit : *le grès, la pierre dure.*
7. **gone all to pieces** = to go to pieces : *s'effondrer,* m. à m. : *partir en petits morceaux.*

Douglas marqua huit points, puis Saffary, qui était blanche, arriva à deux cent quarante. Il laissa son adversaire sur une double transversale. Douglas rata sa boule et concéda un autre point à Saffary.

— Mouche deux cent quarante-trois, annonça le marqueur. Blanche deux cent quarante et un. A Blanche de jouer.

Saffary fit trois coups superbes bille en tête et termina la partie.

— Belle victoire ! s'écrièrent les spectateurs.

— Bravo, mon vieux, dit Douglas.

— Boy, s'écria Saffary, une tournée pour ces messieurs. Pauvre Knobby !

Il poussa un profond soupir. On servit les rafraîchissements et Saffary signa la note. Puis il se prépara à partir. Deux autres joueurs avaient déjà commencé leur partie.

— Il prend ça avec beaucoup de cran, fit observer quelqu'un après son départ.

— Oui, il a du ressort.

— A un moment, j'ai cru qu'il allait perdre la partie.

— Il s'est repris magistralement. Il savait bien qu'il y avait de grosses mises sur lui ; il ne voulait pas décevoir ses supporters.

— Quel choc, tout de même, d'apprendre pareille nouvelle !

— Ils étaient très copains. Je me demande de quoi il est mort.

— Bien joué, monsieur.

---

8. **pulled himself together** = to pull oneself together : *se reprendre* (m. à m. : *se remettre ensemble*).
9. **let his backers down** : the backers : *ceux qui ont parié sur lui* (to back someone : *soutenir quelqu'un, croire en son succès*). To let down : *laisser tomber*.
10. **good shot** : m. à m. : *beau coup, bien joué* (à un jeu de balle ou de bille : ping-pong, football, billard). To shoot, shot, shot : *tirer*.

George Moon, remembering this scene, thought it strange that Tom Saffary, who on hearing of his friend's death had shown such self-control, should now apparently take it so hard. It might be that just as in the war a man when hit often [1] did not know it till some time afterwards, Saffary had not realized how great a blow [2] to him Harold Clarke's death was till he had had time to think it over [3]. It seemed to him, however, more probable that Saffary, left to himself, would have carried on [4] as usual, seeking sympathy [5] for his loss in the company of his fellows, but that his wife's conventional sense of propriety [6] had insisted that it would be bad form [7] to go to a party when the grief they were suffering from [8] made it only decent for them to eschew for a little festive gatherings. Violet Saffary was a nice little woman, three or four years younger than her husband ; not very pretty, but pleasant to look at and always becomingly dressed ; amiable, ladylike, and unassuming. In the days when he had been on friendly terms [9] with the Saffarys the Resident had from time to time dined with them. He had found her agreeable, but not very amusing. They had never talked but of commonplace things [10]. Of late he had seen little of her. When they chanced to meet [11] she always gave him a friendly smile, and on occasion he said one or two civil words to her. But it was only by an effort of memory that he distinguished her from half a dozen of the other ladies in the community whom his official position brought him in contact with.

---

1. **when hit often** = when he has been (or is) often hit. To hit, hit, hit : *frapper.*
2. **a blow** : *un coup, une épreuve funeste, douloureuse, un revers.*
3. **to think something over** : *réfléchir à quelque chose, y repenser, la remuer dans sa tête.*
4. **to carry on** : *continuer, poursuivre.* Ici, *continuer à se comporter.*
5. **sympathy** : *compréhension bienveillante.*
6. **sense of propriety** : non pas sens de la propriété, qui serait **sense of property,** mais sens des convenances, de ce qui est *proper.*
7. **bad form** : *ce qui ne se fait pas, qui n'est pas convenable.*

Se remémorant cette scène, George Moon s'étonnait que Tom Saffary, alors si stoïque à l'annonce de la mort de son ami, semblât maintenant la prendre si tragiquement. Ainsi, pendant la guerre, un soldat ne sentait-il sa blessure qu'après coup. Saffary n'avait pas mesuré à quel point l'affectait la mort de Harold Clarke avant d'avoir eu le temps d'y réfléchir. Mais il lui semblait néanmoins plus vraisemblable de penser que, spontanément, Saffary n'eût pas suspendu ses activités, qu'il eût plutôt cherché un réconfort dans la société de ses amis, mais que, par contre, son épouse, obéissant à ses idées conventionnelles, s'était opposée à ce qu'ils fissent acte de présence à une réunion joyeuse, alors qu'ils étaient éprouvés par un deuil. Violette Saffary était une gentille petite femme, qui pouvait avoir trois ou quatre ans de moins que son mari ; pas très jolie, mais d'aspect sympathique, et toujours vêtue avec goût ; aimable, distinguée et modeste. Du temps où il entretenait de bonnes relations avec les Saffary, le résident dînait de temps en temps avec eux. Il la trouvait agréable, mais pas très gaie. Ils n'échangeaient que des banalités. Il ne l'avait pas vue depuis un certain temps. Quand il leur arrivait de se rencontrer, elle lui adressait un sourire, et lui, parfois, lui disait quelques mots par politesse. Mais il devait toujours faire un effort de mémoire pour la distinguer d'une demi-douzaine d'autres femmes que ses fonctions lui donnaient l'occasion de rencontrer.

---

8. **when the grief they were suffering from...** : m. à m. : *alors que le chagrin dont ils souffraient.*
9. **on friendly terms** : *en termes amicaux.*
10. **but of commonplace things** : *si ce n'est de choses banales* (commonplace).
11. **to chance to meet (met, met)** : *rencontrer par chance, par hasard.*

Saffary had presumably said what he had come to say and the Resident wondered why he did not get up and go. He sat heaped up [1] in his chair oddly, so that it gave you the feeling that his skeleton had ceased to support him and his considerable mass of flesh was falling in on him. He looked dully [2] at the desk that separated him from the Resident. He sighed deeply.

"You must try not to take it too hard [3], Saffary," said George Moon. "You know how uncertain life is in the East. One has to resign oneself to losing people one's fond of."

Saffary's eyes slowly moved from the desk, and he fixed them on George Moon's. They stared unwinking [4]. George Moon liked people to look him in the eyes. Perhaps he felt that when he thus held their vision he held them in his power. Presently two tears formed themselves in Saffary's blue eyes and slowly ran down his cheeks. He had a strangely puzzled [5] look. Something had frightened him. Was it death ? No. Something that he thought worse. He looked cowed [6]. His mien was cringing [7] so that he made you think of a dog unjustly beaten.

"It's not that," he faltered. "I could have borne that."

George Moon did not answer. He held that big, powerful man with his cold level gaze [8] and waited. He was pleasantly conscious of his absolute indifference. Saffary gave a harassed glance at the papers on the desk.

---

1. a heap : *un tas, un amas.* To heap up : *entasser, amasser.* **Heaped up :** *ramassé, tassé* (sur lui-même).
2. **dull :** *amorti* (son), *atténué* (ton, couleur), *morne, ennuyeux* (une personne), *variable et nuageux* (le temps), *morose* (attitude).
3. **to take it hard :** *le prendre mal, trop à cœur, en être trop affecté* (contr. : to take it lightly). Rappelons que le mot **hard** peut être ou bien un adjectif (**a hard stone**), ou bien, comme ici, un adverbe.
4. **to stare unwinking :** *fixer des yeux sans ciller.* To wink : *ciller, faire un clin d'œil.*
5. **to puzzle :** *mystifier, surprendre, déconcerter.*
6. **cowed :** *recroquevillé comme un chien effrayé.*

Saffary avait, en principe, dit ce qu'il avait à dire, et le résident se demandait pourquoi il tardait à prendre congé. Il demeurait comme recroquevillé dans son fauteuil, donnant ainsi l'impression que sa charpente avait cédé sous le poids de sa graisse. Il fixait d'un air morose le bureau qui le séparait du résident. Enfin, il poussa un long soupir.

— Vous devriez essayer de ne pas le prendre si tragiquement, Saffary. Vous savez bien à quel point la vie est chose précaire en Orient. On doit se faire à l'idée de perdre des personnes auxquelles on était très attaché.

Abandonnant le bureau, le regard de Saffary s'éleva lentement vers celui de Moon. Ils se regardèrent dans le blanc des yeux. George Moon aimait les gens qui vous regardent bien droit. Peut-être avait-il l'impression que, retenant ainsi leur regard, il les tenait en son pouvoir. Deux larmes vinrent embuer les yeux bleus de Saffary, puis lui coulèrent lentement sur les joues. Il avait une expression intriguée. Quelque chose l'avait effrayé. La mort ? Non. Quelque chose de pire. Il avait l'air d'un chien battu.

— Il ne s'agit pas de cela. Je pouvais supporter cette épreuve.

George Moon garda le silence. De son regard froid il soutint le regard de ce grand gaillard et attendit. Il se rendait compte avec une certaine satisfaction qu'il était dans un état de totale indifférence. Saffary jeta un coup d'œil mélancolique sur les papiers posés sur le bureau.

---

7. **to cringe :** *se tasser, se recroqueviller de peur.* Cette expression et la précédente **(cowed)** annoncent l'image du chien.
8. **a level gaze :** *un regard horizontal.* C'est-à-dire fixer droit dans les yeux.

"I'm afraid I'm taking up too much of your time."

"No, I have nothing to do at the moment."

Saffary looked out of the window. A little shudder passed between his shoulders. He seemed to hesitate.

"I wonder if I might ask your advice," he said at last.

"Of course," said the Resident, with the shadow of a smile, "that's one of the things I'm here for [1]."

"It's a purely private [2] matter."

"You may be quite sure that I shan't betray any confidence you place in me."

"No, I know you would'nt do that, but it's rather an awkward thing to speak about, and I shouldn't feel very comfortable [3] meeting you afterwards. But you're going away tomorrow, and that makes it easier, if you understand what I mean."

"Quite."

Saffary began to speak, in a low voice [4], sulkily, as though he were [5] ashamed, and he spoke with the awkwardness of a man unused to words. He went back and said the same thing over again [6]. He got mixed up. He started a long, elaborate sentence [7] and then broke off abruptly because he did not know how to finish it. George Moon listened in silence, his face a mask, smoking, and he only took his eyes off Saffary's face to reach for another cigarette from the box [8] in front of him and light it from the stub [9] of that which he was just finishing. And while he listened he saw, as it were a background [10], the monotonous round [11] of the planter's life.

---

1. **one of the things I'm here <u>for</u>** = one of the things for which I'm here. Le français pratique seulement la seconde de ces formes (« *l'une des choses pour lesquelles je suis ici* »), alors que l'anglais préfère utiliser la première, plus elliptique : suppression du relatif et rejet de la préposition. Ainsi l'on dira "one of the things I am looking forward to" de préférence à "one of the things to which I am looking forward" (*l'une des choses dont je me réjouis d'avance*).

2. **private** (adj.) : *privé, personnel, intime*. Mais : **a private** : *un simple soldat*.

3. **to feel (felt, felt) comfortable** : *être à l'aise, physiquement ou mentalement*.

4. <u>in</u> **a low voice** : *à voix basse*.

— J'abuse de votre temps.

— Mais non, je n'ai rien à faire en ce moment.

Saffary regarda par la fenêtre. Il frissonna. Il avait l'air d'hésiter.

— Je me demande si je puis vous demander conseil, se décida-t-il à dire.

— Naturellement, dit le résident avec un vague sourire. Je suis aussi ici pour cela.

— C'est une affaire tout à fait personnelle.

— Vous pouvez être sûr que je ne saurais trahir votre confiance.

— Je le sais, mais c'est un sujet délicat, et je serais gêné de vous revoir après vous en avoir parlé. Mais, puisque vous partez demain, c'est plus facile : vous comprenez ce que je veux dire ?

— Parfaitement.

Saffary se mit à parler sourdement, à contrecœur, comme s'il avait honte, avec la maladresse de quelqu'un qui ne sait pas s'exprimer. Il revenait sur son récit, en répétant plusieurs fois la même chose. Il s'embrouillait. Il se lançait dans une longue phrase compliquée, puis s'arrêtait, ne sachant plus comment s'en sortir. George Moon écoutait, silencieux, le visage pareil à un masque, fumant, et ne s'interrompant de regarder Saffary que pour allumer une nouvelle cigarette à celle qu'il venait de finir. Et, au fur et à mesure que se poursuivait le récit, une sorte d'arrière-plan surgissait dans son imagination, où se déroulait la routine monotone d'une vie de planteur.

---

5. **as though he were :** as though ou as if doit en principe se construire avec le subjonctif (comme ici), mais dans la pratique on rencontre fréquemment **"as though he was"**.

6. **over again :** *une fois de plus* (again) et *d'un bout à l'autre* (over).

7. **sentence :** *une phrase. Une proposition :* a clause ; *une expression :* a phrase.

8. **from the box :** on pourrait dire out **of the box**.

9. **stub** : *mégot, petit bout.*

10. **background** : *arrière-plan.* **Foreground** : *premier plan.*

11. **monotonous round :** *la routine monotone.* On pourrait aussi dire **monotonous routine**.

It was like an accompaniment of muted strings [1] that threw into sharper relief the calculated dissonances of an unexpected melody.

With rubber at so low a price every economy had to be exercised [2] and Tom Saffary, notwithstanding the size of the estate, had to do work which in better times he had had an assistant for [3]. He rose before dawn and went down to the lines where the coolies were assembled. When there was just enough light to see he read out the names, ticking them off [4] according to the answers, and assigned the various squads [5] to their work. Some tapped [6], some weeded [7], and others tended [8] the ditches. Saffary went back to his solid breakfast, lit his pipe, and sallied forth again to inspect the coolie's quarters. Children were playing and babies sprawling [9] here and there. On the sidewalks Tamil women cooked their rice. Their black skins shone with oil. They were draped about in dull red cotton and wore gold ornaments in their hair. There were handsome creatures among them, upright of carriage [10], with delicate features and small, exquisite hands ; but Saffary looked upon them only with distaste. He set out on his rounds [11]. On his wellgrown estate the trees planted in rows gave one a charming feeling of the prim forest of a German fairy-tale. The ground was thick with dead leaves. He was accompanied by a Tamil overseer, his long black hair done in a chignon, barefooted [12], in sarong and baju, with a showy ring [13] on his finger.

---

1. **muted strings** = strings : *les cordes* (a string quartet : *un quatuor*) ; muted : *assourdi*.
2. **had to be exercised** : litt. *devait être exercé*. To have to exprime *la nécessité, la contrainte*.
3. **he had had an assistant for** = for which he had had an assistant.
4. **to tick off :** 1) *pointer, cocher* (des écritures, des comptes) ; 2) (familièrement) : *réprimander quelqu'un, le remettre à sa place*.
5. **squad** (cf. « escouade ») : *un peloton, une équipe*.
6. **to tap :** *recueillir un liquide*. Tap water : *l'eau du robinet*. The tap : *le robinet*.
7. **weed :** *la mauvaise herbe*. To weed : *enlever les mauvaises herbes*.

Cela ressemblait à un pizzicato destiné à donner plus de relief aux dissonances étudiées d'une mélodie inattendue.

Au prix où était descendu le caoutchouc, il fallait regarder sur tout, et, malgré l'importance de la plantation, Tom Saffary devait veiller à des tâches pour lesquelles, en des temps meilleurs, il avait eu un adjoint. Il se levait avant l'aube pour rejoindre les coolies rassemblés en colonnes. Il faisait tout juste assez clair pour lire les noms sur les listes, appeler les hommes, et répartir les groupes de travail. Certains allaient récolter, d'autres défricher, ou encore nettoyer les fossés. Puis Saffary rentrait prendre un copieux petit déjeuner, fumait une pipe, et ressortait pour inspecter le quartier des coolies. Çà et là, des enfants jouaient, ou des bébés se traînaient par terre. Dans les allées, des femmes tamiles préparaient leur riz. Elles avaient la peau toute luisante d'huile, portaient des saris de coton rouge foncé et, dans les cheveux, des ornements en or. Certaines étaient belles, se tenaient bien droites, et possédaient des traits délicats, des mains d'une admirable finesse. Mais Saffary ne les trouvait pas attirantes. Il poursuivait sa tournée. Sur cette plantation bien entretenue, les rangées d'arbres faisaient un peu songer aux coquettes forêts des légendes allemandes. Le sol était couvert d'une épaisse couche de feuilles mortes. Saffary était accompagné d'un contremaître tamil, dont la longue chevelure noire était nouée en chignon, pieds nus, portant un sarong et un baju, et au doigt une bague très voyante.

---

8. **to tend** : *soigner, s'occuper de* (en général des objets, des bêtes). Verbe analogue : **to attend to**.

9. **to sprawl** : *s'étirer, s'allonger.*

10. **upright of carriage** : carriage : 1) *le port, le maintien ;* 2) *le véhicule* ("car" est une abréviation). **Upright** : 1) *vertical ;* 2) *droit, honnête.*

11. **round** : ici ce n'est plus la routine, mais *la tournée, l'inspection.*

12. **barefooted** (ou **barefoot**) : *pieds nus.*

13. **ring** : *anneau, bague* (ou *le ring de boxe*).

Saffary walked hard, jumping the ditches when he came to them, and soon he dripped [1] with sweat. He examined the trees to see that they were properly tapped, and when he came across [2] a coolie at work looked at the shavings [3] and if they were too thick swore at [4] him and docked him half a day's pay. When a tree was not to be tapped [5] any more he told the overseer to take away the cup and the wire [6] the held it to the trunk. The weeders worked in gangs.

At noon Saffary returned to the bungalow and had a drink of beer which, because there was no ice, was luke-warm [7]. He stripped off [8] the khaki shorts, the flannel shirt, the heavy boots and stockings in which he had been walking, and shaved and bathed [9]. He lunched in a sarong and baju. He lay off [10] for half an hour, and then went down to his office and worked till five ; he had tea and went to the club. About eight he started back for the bungalow, dined, and half an hour after went to bed.

But last night he went home immediately [11] he had finished his match. Violet had not accompanied him that day. When the Clarkes [12] were there they had met at the club every afternoon, but now they had gone home she came less often. She said there was no one there who much amused her and she had heard everything everyone had to say till she was fed to the teeth [13]. She did not play bridge and it was dull for her to wait about [14] while he played.

---

1. **to drip :** *dégouliner, s'égoutter.* A drip-dry shirt : *une chemise qui peut se passer de repassage.*

2. **to come across :** *rencontrer par hasard, trouver sur son chemin.*

3. **shavings :** *les copeaux* (to shave : *raser*).

4. **to swear, swore, sworn :** *jurer.* To swear <u>at</u> : *jurer contre.* At exprime notamment l'hostilité.

5. **was not to be tapped :** trois verbes : to be + to be + to tap ! Il s'agit 1) de l'infinitif passif de to tap ; 2) de la construction « to be + infinitif » qui traduit la notion de programme (rendue en français par « devoir »). The tree was not to be tapped any more : m. à m. : *l'arbre ne devait plus être coulé.*

6. **wire :** *fil métallique.* A wire : *un câble* ou *un télégramme.*

Saffary marchait d'un bon pas, enjambait les fossés d'un saut, en sorte qu'il était vite en sueur. Il s'assurait que les arbres étaient entaillés comme il fallait. Quand il apercevait un coolie en train de travailler, il regardait les copeaux ; s'ils étaient trop épais, Saffary se fâchait et lui retenait une demi-journée de paye. Quand il fallait arrêter la coulée d'un arbre, il ordonnait au contremaître de retirer la coupe et le fil de fer qui retenait celle-ci au tron. Les défricheurs travaillaient en équipes.

A midi Saffary rentrait au bungalow pour prendre une bière tiède, car il n'y avait pas de glace. Il retirait ses shorts kaki, sa chemise de coton, ses chaussettes et ses chaussures de marche, se rasait et se douchait. Pour aller déjeuner, il mettait un sarong et un baju. Après une sieste d'une demi-heure, il allait travailler à son bureau jusque cinq heures. Puis il prenait son thé, et il se rendait au club. Vers les huit heures il revenait au bungalow, dînait et se mettait au lit une demi-heure plus tard.

Mais, la veille au soir, il était rentré dès qu'il avait fini son match. Violette n'était pas venue avec lui ce jour-là. Du temps où les Clarke étaient là, ils se voyaient au club chaque après-midi, mais depuis leur départ, elle venait moins souvent. Elle disait qu'elle n'avait pas envie d'y rencontrer des gens qui ne l'amusaient pas et dont elle connaissait toutes les histoires par cœur. Elle ne jouait pas au bridge, et cela ne lui disait rien d'attendre qu'il ait terminé sa partie.

---

7. **luke-warm** : *tiède* au sens propre ou figuré. Syn. : **tepid** (seulement pour l'eau).

8. **to strip off** : *se dépouiller d'un vêtement en tirant dessus* (sinon, l'on dira simplement : **to remove**).

9. **to bathe** : *se baigner.* **Bathroom** : *salle de bains.* **Bath** : *la baignoire ;* **showerbath** : *la douche.*

10. **to lie (lay, lain) off** : *s'abstenir de toute activité, être au repos.*

11. **immediately** + verbe : *dès que...*

12. **the Clarkes** : en anglais les noms propres ne sont pas invariables en nombre.

13. **to be fed (to feed, fed, fed) to the teeth** : m. à m. : *être nourri jusqu'aux dents ; en avoir assez (« ras le bol »).*

14. **to wait about** : *attendre à proximité.*

She told Tom he need not mind leaving her alone. She had plenty of things [1] to do in the house.

As soon as she saw him back so early she guessed that he had come to tell her that he had won his match. He was like a child in his self-satisfaction over one of these small triumphs. He was a kindly [2], simple creature and the knew that his pleasure at winning was not only on his own account [3], but because he thought it must give her pleasure too. It was rather sweet of him [4] to hurry home in order to tell her all about it without delay [5].

"Well, how did your match go ?" she said as soon as he came lumbering [6] into the sitting-room.

"I won."

"Easily ?"

"Well, not as easily as I should have. I was a bit ahead, and then I stuck [7], I couldn't do a thing [8] and you know what Douglas is, not at all showy [9], but steady [10], and he pulled up with [11] me. Then I said to myself, well, if I don't buck up [12] I shall get a licking [13], I had a bit of luck here and there, and then, to cut a long story short, I beat him by seven."

"Isn't that splendid ? You ought to win the cup now, oughn't you ?"

"Well, I've got three matches more. If I can get into the semi-finals I ought to have a chance."

Violet smiled. She was anxious to show him that she was as much interested as he expected her to be [14].

"What made you go to pieces [15] when you did ?"

---

1. **plenty of things** = lots of things ou (moins pop.) a good many things.
2. **kindly** (syn. kind) : *gentil, brave, bienveillant*.
3. **on his own account** : *pour lui* (on pourrait dire aussi "for his sake").
4. **I was rather sweet of him** : m. à m. : *c'était plutôt mignon de sa part*.
5. **without delay** : *sans délai, sans attendre*.
6. **to lumber** : *se mouvoir de façon gauche, lourde, comme un ours*.
7. **to stick, stuck, stuck** : *coller*. Ici : *rester « en panne », « se planter »*.

Elle avait déclaré à Tom qu'il n'avait pas à se faire scrupule de la laisser seule, et qu'elle avait largement de quoi s'occuper à la maison.

Quand elle le vit rentrer si tôt, elle savait qu'il venait lui annoncer sa victoire au billard. Il manifestait une joie enfantine à propos de ces petits succès. C'était un être simple et généreux, et elle savait bien qu'il était heureux de gagner, non seulement pour lui-même, mais aussi à l'idée qu'elle partagerait son plaisir. Elle était heureuse de le voir se dépêcher ainsi pour s'empresser de tout lui raconter.

— Alors, et ce match ? dit-elle dès qu'elle vit sa silhouette massive à l'entrée du salon.

— J'ai gagné.

— Facilement ?

— Pas aussi facilement que je l'aurais pu. J'avais de l'avance, et, tout d'un coup, j'ai flanché. Plus moyen de rien réussir ! Tu connais Douglas : pas d'étincelles, mais très régulier. Il me rattrapait. Alors, je me suis dit qu'il fallait en mettre un coup, sinon c'était la veste. J'ai eu un peu de veine, et, pour finir, bref, j'ai gagné avec sept points d'avance.

— C'est épatant ! Maintenant tu devrais sûrement pouvoir remporter la coupe, non ?

— J'ai encore trois matches à jouer. Si j'arrive en demi-finale, je crois que j'ai une chance.

Violette sourit. Elle tenait bien à lui montrer qu'elle s'intéressait au jeu autant qu'il le souhaitait.

— Qu'est-ce qui t'a fait flancher au cours de la partie ?

---

8. **I couldn't do a thing :** m. à m. : *je ne pouvais pas faire une seule chose.* C'est-à-dire : *j'étais incapable de jouer.*

9. **showy :** *brillant* (de : to show, showed, shown).

10. **steady :** *régulier.* A rapprocher de **steadfast** *(sûr, fidèle),* steadiness *(stabilité).*

11. **to pull up with :** *se hisser au niveau de, rattraper, arriver à égaliser.*

12. **to buck up** (familier) : *se reprendre, se calmer, retrouver ses esprits ou sa forme.*

13. **a licking :** litt. *une raclée.*

14. **as he expected her to be :** m. à m. : *autant qu'il s'attendait à ce qu'elle le fût* (interested).

15. **to go to pieces :** m. à m. : *tomber en morceaux ; s'effondrer.*

His face sagged [1].

"That's why I came back at once. I'd have scrat-ched [2] only I thought it wasn't fair on [3] the fellows who'd backed me. I don't know how to tell you, Violet."

She gave him a questioning look.

"Why, what's the matter ? Not bad news ?"

"Rotten [4], Knobby's dead."

For a full minute she stared at him, and her face, her neat friendly little face, grew haggard [5] with horror. At first it seemed as though she could not understand.

"What *do* you mean ?" she cried.

"It was in the paper. He died on board. They buried him at sea."

Suddenly she gave a piercing cry anf fell headlong [6] to the floor. She had fainted dead away [7].

'Violet," he cried, and threw himself down on his knees and took her head in his arms. "Boy, Boy."

A boy, startled by the terror in his master's voice, rushed in, and Saffary shouted to him to bring brandy. He forced a little between Violet's lips. She opened her eyes, and as she remembered they grew dark with anguish [8]. Her face was screwed up [9] like a little child's when it is just going to burst into tears. He lifted her up in his arms and laid her on the sofa. She turned her head away.

"Oh, Tom, it isn't true. I can't be true."

"I'm afraid it is."

---

1. **to sag :** *s'affaisser, pendre sous son poids* (ex. : une branche chargée de fruits).

2. **to scratch :** *déclarer forfait.*

3. **it wasn't fair :** fair (*blond, beau*) a également le sens de *juste, équitable, franc :* "fair play". Contr. **unfair.**

4. **rotten :** au sens propre : *pourri.* S'emploie au sens de « détestable » dans des expressions telles que **rotten ill-luck** *(malchance épouvantable),* **rotten weather** (on dit aussi en français « *temps pourri* »), etc.

5. **haggard :** *égarée, folle.*

6. **to fall (fell, fallen) headlong :** *tomber de tout son long, s'étaler.*

7. **dead away : dead,** adverbe de manière donne une valeur superlative à la postposition **away.** On y est conduit

Son expression s'assombrit.

— C'est pour cela que je suis rentré tout de suite. J'ai failli abandonner, mais il y avait tant de types qui avaient misé sur moi que je devais continuer. Je ne sais pas comment te le dire, Violette.

Elle l'interrogea du regard.

— Que se passe-t-il ? Ce n'est pas une mauvaise nouvelle, au moins ?

— Si, affreuse. Knobby est mort.

Pendant une longue minute elle ne cessa de le regarder fixement, et son visage, son gentil petit visage s'imprégna peu à peu d'une douleur atroce.

— Qu'est-ce que tu dis ? s'écria-t-elle.

— C'était dans le journal. Il est mort sur le bateau. On a enseveli son corps en mer.

Elle poussa un cri perçant et tomba évanouie sur le sol, complètement inconsciente.

— Violette !

Il se jeta à genoux et lui prit la tête entre ses bras.

— Boy ! Boy !

Affolé par l'accent terrifié de son maître, un boy accourut et Saffary lui cria d'apporter du cognac. Il en fit absorber quelques gouttes à Violette qui, reprenant connaissance, ouvrit les yeux, dont les pupilles se dilataient de terreur. Elle avait l'expression d'une enfant sur le point d'éclater en sanglots. Il la souleva et la porta sur le divan. Elle détourna la tête.

— Oh, Tom ! Ce n'est pas vrai, dis-moi que ce n'est pas vrai !

— Mais si, malheureusement.

---

par la progression suivante. **"She had fainted"** signifierait : *elle avait défailli, eu une faiblesse ;* **"she had fainted away"** : *elle s'était évanouie et avait perdu connaissance ;* **"she had fainted dead away"** : *elle s'était évanouie et son inconscience était totale.*

8. **anguish :** *angoisse, appréhension angoissée, peur.* **Anxiety :** *inquiétude ou désir fébrile.*

9. **screwed up :** m. à m. : *vissée.* **To screw :** *visser.* **A corkscrew :** *un tire-bouchon* (m. à m. : *visse-bouchon*).

"No, no, no."

She burst into tears. She wept convulsively. It was dreadful to hear her. Saffary did not know what to do. He knelt beside her and tried to soothe [1] her. He sought to take her in his arms, but with a sudden gesture she repelled him [2].

"Don't touch me," she cried, and she said it so sharply [3] that he was startled [4].

He rose to his feet.

"Try not to take it too hard, sweetie [5]," he said. "I know it's been and awful shock. He was one of the best."

She buried her face in the cushions and wept despairingly. It tortured him to see her body shaken by those uncontrollable sobs [6]. She was beside herself. He put his hand gently on her shoulder.

"Darling, don't give way [7] like that. It's so bad for you."

She shook herself free from his hand.

"For God's sake leave me alone," she cried. "Oh, Hal, Hal." He had never heard her call the dead man that [8] before. Of course his name was Harold, but everyone called him Knobby. "What shall I do ?" she wailed [9]. "I can't bear it [10]. I can't bear it."

Saffary began to grow a trifle [11] impatient. So much grief did seem to him exaggerated. Violet was not normally so emotional. He supposed it was the damned climate. It made women nervous and high-strung [12].

---

1. **to soothe** : *apaiser, calmer.*
2. **to repel** : *repousser, rejeter.* Autres verbes : to **reject**, to **repudiate** (un conjoint, mais aussi une imputation, une affirmation).
3. **sharply** : *sèchement, vivement, de façon cassante.*
4. **to be startled** : *être surpris, sursauter.*
5. **sweetie** : terme affectueux. A **sweet** = *un bonbon.*
6. **sobs** : *des sanglots.* To **sob** : *sangloter.*
7. **to give way** : *céder, se laisser aller.* To **give away** : *abandonner, livrer* (un secret, un objet, une personne) *à un tiers.*
8. **that** : c'est-à-dire "Hal".
9. **to wail** : *se lamenter, se plaindre d'un ton désolé.*
10. **to bear, bore, born** : *supporter, subir, endurer.*

— Non, non, non.

Elle fondit en larmes, sanglotant sans pouvoir s'arrêter. C'était épouvantable, et Saffary ne savait que faire. Agenouillé près d'elle, il s'efforçait de l'apaiser. Il voulut la prendre dans ses bras, mais elle le repoussa d'un geste brusque.

— Ne me touche pas, s'écria-t-elle.

La brusquerie de son ton le surprit.

Il se leva.

— Allons, ma douce, fais un effort, dit-il. Je sais que c'est terrible. C'était l'un de nos meilleurs amis.

Le visage enfoui dans les oreillers, elle ne cessait pas de pleurer. Il ne pouvait pas supporter de la voir si désespérée, le corps convulsé de sanglots. Elle ne pouvait plus se maîtriser. Il lui posa délicatement la main sur l'épaule.

— Je t'en prie, ma chérie, ne te laisse pas aller ainsi, cela te fait tant de mal.

Elle secoua tout son corps pour qu'il retire sa main.

— Mais tu ne peux donc pas me laisser tranquille ! dit-elle. Oh, Hal, Hal !

Il ne l'avait jamais entendue appeler ainsi le disparu. Naturellement, il s'appelait Harold, mais tout le monde l'appelait Knobby.

— Qu'est-ce que je vais devenir ? demanda-t-elle, c'est insupportable, c'est affreux.

Saffary commença à s'énerver. Il trouvait exagéré le chagrin de Violette, qui, d'habitude, n'était pas aussi émotive. C'était peut-être l'effet de ce fichu climat, qui rendait les femmes nerveuses et agitées.

---

11. **a trifle :** *une chose de peu d'importance, une bagatelle.* Ici, valeur adverbiale (*légèrement, un tantinet*).

12. **high-strung** (ou **highly-strung**) : *nerveux, vif.* **A string** : *une corde* (que l'on fait vibrer, par opp. à *"rope"*, *le cordage*) ; **to string, strung, strung** : *munir de cordes, tendre une corde* (violon).

Violet hadn't been home [1] for four years. She was not hiding her face now. She lay, almost falling off the sofa, her mouth open in the extremity of her pain [2], and the tears streamed [3] from her staring eyes. She was distraught [4].

"Have a little more brandy," he said. "Try to pull yourself together [5], darling. You can't to Knobby any good by getting in such a state."

With a sudden gesture she sprang to her feet [6] and pushed him aside. She gave him a look of hatred.

"Go away, Tom. I don't want your sympathy [7]. I want to be left alone."

She walked swiftly over to an arm-chair and threw herself down in it. She flung back her head and her poor white face was wrenched [8] into a grimace [9] of agony [10].

"Oh, it's not fair," she moaned [11]. "What's to become of me now ? Oh, God, I wish I were dead."

"Violet."

His voice quavered [12] with pain. He was very nearly crying too. She stamped her foot impatiently [13].

"Go away, I tell you. Go away."

He started. He stared at her and suddenly gasped [14]. A shudder passed through his great bulk. He took a step towards her and stopped, but his eyes never left her white, tortured face ; he stared as though he saw in it something that appalled [15] him. Then he dropped his head and without a word walked out of the room.

---

1. **to be home :** sens variable. Peut tout aussi bien se référer à la maison où l'on vit (son « chez soi ») qu'au pays natal. C'est le cas ici.
2. **in the extremity of her pain :** m. à m. : *dans l'extrémité de sa douleur.*
3. **to stream :** *couler à flots comme un torrent* ou *un courant puissant* (cf. le **Gulf stream**).
4. **distraught :** forme archaïque de "distracted", qui ne signifie pas distrait, mais *égaré, qui ne sait plus que faire.*
5. **to pull oneself together :** *se reprendre, se dominer.*
6. **she sprang (to spring, sprang, sprung) to her feet :** m. à m. : *elle sauta sur ses pieds.*
7. **sympathy :** *compassion.* To be sympathetic : *faire preuve de compassion, de commisération. Sympathiser avec*

Il y avait quatre ans que Violette n'était pas retournée en Angleterre. Elle avait découvert son visage. Elle était couchée, tout au bord du divan, presque en déséquilibre, bouche bée sous l'effet du chagrin et elle pleurait les yeux grands ouverts. Elle était égarée.

— Reprends un peu de cognac, chérie. Fais un effort. Te mettre dans cet état ne fera pas revenir le pauvre Knobby.

Elle se leva brusquement et le poussa pour l'écarter de son chemin en lui lançant un regard de haine.

— Va-t'en, Tom, je n'ai pas besoin de tes condoléances. Laisse-moi seule.

D'un pas rapide elle se dirigea vers un fauteuil et s'y laissa choir. Elle avait rejeté la tête en arrière, son visage exsangue tordu dans un rictus douloureux.

— Ce n'est pas juste, gémissait-elle. Qu'est-ce que je vais devenir ? Mon Dieu, si seulement je pouvais mourir.

— Violette !

Il avait une voix étranglée. Il était à son tour au bord des larmes. Elle tapa du pied rageusement.

— Va-t'en, te dis-je, va-t'en.

Il sursauta, la regarda et fut pris d'une sorte de malaise. Tout son corps frissonnait. Il fit un pas dans sa direction et s'arrêta, mais son regard ne quittait pas ce visage défait et hagard. Il la dévisageait comme s'il pouvait y lire un épouvantable secret. Puis, tête baissée, et sans dire un mot, il quitta la pièce.

---

qqn : to be friendly with. *Être sympathique :* to be prepossesing.

8. **to wrench :** *arracher brutalement, extraire, tordre.* **A wrench :** *une pince, une tenaille.*

9. **grimace :** *grimace involontaire* (d'horreur, de douleur). *Faire des grimaces :* to make faces.

10. **agony :** *douleur. La Passion du Christ :* the Agony.

11. **to moan :** *gémir doucement.*

12. **to quaver :** *chevroter, parler d'une voix mal assurée.*

13. **impatiently :** *nerveusement, à bout, rageusement.*

14. **to gasp :** *avoir le souffle coupé, respirer de façon spasmée.*

15. **to appall :** *horrifier.* **Appalling :** *terrifiant, horrible.*

He went into a little sitting-room they had at the back, but seldom used, and sank [1] heavily into a chair. He thought. Presently the gong sounded [2] for dinner. He had not had his bath. He gave his hands a glance. He could not be bothered [3] to wash them. He walked slowly into the dining-room. He told the boy to go and tell Violet that dinner was ready. The boy came back and said she did not want any.

"All right. Let me have mine then," said Saffary.

He sent Violet in a plate of soup and a piece of toast, and when the fish was served he put some on a plate for her and gave it to the boy. But the boy came back with it at once [4].

"Mem, she say no wantchee [5]," he said.

Saffary ate his dinner alone. He ate from habit, solidly, through [6] the familiar courses. He drank a bottle of beer. When he had finished the boy brought him a cup of coffee and he lit a cheroot. Saffary sat still he had finished it. He thought. At last he got up and went back into the large veranda which was where [7] they always sat. Violet was still huddled [8] in the chair in which he had left her. Her eyes were closed, but she opened them when she heard him come. He took a light chair and sat down in front of her.

"What *was* Knobby to you, Violet ?" he said.

She gave a slight start. She turned away her eyes, but did not speak.

"I can't quite make out why you should have been so frightfully upset by the news of his death."

---

1. **to sink, sank, sunk** : *s'enfoncer, couler* (une embarcation). Unsinkable : *insubmersible.*
2. **to sound** : *retentir, résonner* (emploi intransitif ou transitif).
3. **to be bothered** : *se donner la peine, le mal* (de faire qqch). To bother : *importuner.* **Don't be bothered** : *ne te donne pas la peine, laisse « tomber ».*
4. **at once** : *immédiatement.*
5. **she say no wantchee** = she says she does not want it (ou to eat).

Il gagna le petit salon à l'arrière de la maison, qu'ils utilisaient rarement, et s'affala dans un fauteuil. Il se mit à réfléchir. Bientôt il entendit le gong qui annonçait le dîner. Il n'avait pas pris sa douche, et il jeta un coup d'œil sur ses mains. Il ne se donna même pas la peine de les laver et, d'un pas lent, gagna la salle à manger. Il dit au boy d'aller prévenir Violette que le dîner était servi. Le boy reparut en annonçant qu'elle ne voulait pas venir.

— Très bien. Alors, sers-moi, dit Saffary.

Il fit porter à Violette une assiette de soupe et une tranche de pain grillé, et, quand le poisson fut servi, il en découpa un morceau sur une assiette. Mais le boy revint immédiatement avec le plateau.

— La Mam dit qu'elle veut 'ien.

Saffary dîna seul, copieusement, machinalement. Il vida une bouteille de bière. Après quoi, le boy lui porta sa tasse de café et il fuma un cigare en méditant. Puis il gagna la grande véranda où il avait coutume de s'asseoir. Violette était toujours terrée dans son fauteuil. Elle avait les yeux clos, mais les ouvrit lorsqu'elle entendit ses pas. Il prit un petit siège et s'assit en face d'elle.

— Qu'est-ce que Knobby était exactement pour toi, Violette ?

Elle tressaillit, détourna son regard, mais garda le silence.

— Je n'arrive pas à comprendre pourquoi l'annonce de sa mort t'a bouleversée à ce point.

---

6. **through :** exprime l'accomplissement d'une série d'actions.
7. **which was where :** m. à m. : *qui était l'endroit où.*
8. **huddled :** *pelotonné.*

"It was an awful shock."

"Of course. But it seems very strange that anyone [1] should go simply to pieces [2] over [3] the death of a friend."

"I don't understand what you mean," she said.

She could hardly [4] speak the words and he saw that her lips were trembling.

"I've never heard you call him Hal. Even his wife called him Knobby."

She did not say anything. Her eyes, heavy with grief [5], were fixed on vacancy [6].

"Look at me, Violet."

She turned her head slightly and listlessly [7] gazed at him.

"Was he your lover [8] ?"

She closed her eyes and tears flowed from them. Her mouth was strangely twisted [9].

"Haven't you got anything to say at all ?"

She shook her head.

"You must answer me, Violet."

"I'm not fit [10] to talk to you now," she moaned. "How can you be so heartless [11] ?"

"I'm afraid I don't feel very sympathetic [12] at the moment. We must get this straight [13] now. Would you like a drink of water ?"

"I don't want anything."

"Then answer my question."

"You have no right to ask it. It's insulting."

---

1. **anyone** : *quelqu'un, quiconque.*
2. **to pieces** = to go to pieces : *s'effondrer, perdre tout son sang-froid.*
3. **over** : *à propos de, à cause de.*
4. **hardly** : *à peine, guère.* ⚠ : **durement** (adverbe) = **hard** (comme l'adjectif).
5. **grief** : *peine, deuil, chagrin.* To grieve : *pleurer, déplorer. Un grief* = a grudge.
6. **vacancy** : *le vide* (dans le paysage).
7. **listless** : *fébrile, inquiet, agité, perturbé.*
8. **lover** : *amoureux* ou *amant.*
9. **to twist** : *tordre.*
10. **fit** : *dispos, en état.* To fit : *aller, être à la pointure, à la bonne taille.* To be fit (and well) : *être en bonne*

— C'est un terrible choc.

— Certes. Mais il est quand même rare d'en venir à de telles extrémités pour la mort d'un ami.

— Je ne te comprends pas.

C'est à peine si elle pouvait s'exprimer ; ses lèvres ne cessaient de trembler.

— Je ne t'ai jamais entendue l'appeler Hal. Même sa femme l'appelait Knobby.

Elle demeurait muette. Ses yeux tout gonflés fixaient le vide.

— Regarde-moi, Violette.

Elle tourna légèrement la tête et le regarda d'un air absent.

— Il était ton amant ?

Elle ferma les yeux et se mit à pleurer. Les coins de sa bouche s'étaient figés en une sorte de rictus.

— Tu n'as rien à me dire ?

Elle secoua la tête.

— Violette, réponds-moi.

— Je ne peux pas te parler maintenant, gémit-elle. Comment peux-tu être aussi dur ?

— Je regrette beaucoup, mais je ne me sens pas d'humeur à m'attendrir. Il faut tirer cette affaire au clair. Veux-tu un verre d'eau ?

— Je ne veux rien.

— Bon, alors, réponds-moi.

— Tu n'as pas à m'interroger ; tu m'insultes.

---

condition, *apte physiquement*. Mais **a fit** : *une attaque, un caillot de sang.*

11. **heartless** : *dur, sans cœur.*

12. **sympathetic** : ▲ : *compatissant. Sympathique :* **pleasant, nice, friendly looking.**

13. **to get something straight :** m. à m. : *obtenir quelque chose droit.* C'est-à-dire : *savoir où l'on en est, s'expliquer, dissiper un doute ou un malentendu.*

"Do you ask me to believe [1] that a woman like you who hears of the death of someone she knew is going to faint dead away and then, when she comes to [2], is going to cry like that ? Why, one wouldn't be so upset [3] over the death of one's only child. When we heard of your mother's death you cried of course, anyone would, and I know you were utterly [4] miserable, but you came to me for comfort [5] and you said you didn't know what you'd have done without me."

"This was so frightfully sudden [6]."

"Your mother's death was sudden, too."

"Naturally I was very fond of [7] Knobby."

"How fond ? So fond that when you heard he was dead you didn't know and you didn't care [8] what you said ? Why did you say it wasn't fair ? Why did you say, 'What's going to become of me now ?' ?"

She sighed deeply. She turned her head this way and that like a sheep [9] trying to avoid the hands of the butcher.

"You mustn't take me for an utter fool, Violet. I tell you it's impossible that you should be so shattered [10] by the blow if there hadn't been something between you."

"Well, if you think that, why do you torture me with questions ?"

"My dear, it's no good shilly-shallying [11]. We can't go on like this. What d'you think I'm feeling ?"

---

1. **do you ask me to believe :** m. à m. : *me demandes-tu de croire.* C'est-à-dire : *veux-tu me faire croire* (que...) ?
2. **to come to :** *reprendre ses esprits après une perte de conscience* (forme intransitive).
3. **to be upset :** *être contrarié, choqué.* To upset something : *renverser un objet, le déséquilibrer.*
4. **utterly :** *totalement, complètement.*
5. **comfort :** *réconfort.* To comfort : *réconforter, consoler.*
6. **frightfully sudden :** *épouvantablement subit, précipité, inattendu.*
7. **to be fond of :** *aimer, affectionner* (moins fort que to love).

— Tu ne me feras pas croire qu'une femme comme toi s'évanouit en apprenant la mort de quelqu'un et, lorsqu'elle revient à elle, n'arrête pas de pleurer ! C'est pire que si c'était la mort de ton seul enfant ! Quand tu as appris la mort de ta mère, bien sûr, tu as pleuré, comme l'eût fait n'importe qui, et tu étais très malheureuse. Mais tu m'as demandé de te consoler et tu disais que tu ne savais pas ce que tu ferais sans moi.

— Mais il est mort si brutalement.

— Ta mère, aussi, était morte brutalement.

— C'est vrai, j'aimais beaucoup Knobby.

— Tu l'aimais comment ? Au point de perdre la tête et de dire n'importe quoi en apprenant sa mort ? Pourquoi disais-tu que ce n'était pas juste ? Pourquoi dire : « Qu'est-ce que je vais devenir maintenant » ?

Elle soupira profondément et tourna son visage de tous côtés, comme un mouton cherchant à éviter le couteau du boucher.

— Violette, il ne faut pas me prendre pour le dernier des idiots. Je te répète que cette nouvelle ne te secouerait pas à ce point-là s'il n'y avait pas eu quelque chose entre vous.

— Bon. Eh bien ! puisque c'est ce que tu crois, pourquoi me persécutes-tu avec tes questions ?

— Inutile de tourner autour du pot. Nous n'allons pas continuer comme ça. As-tu une idée de ce que j'éprouve, moi ?

---

8. **not to care** : *ne pas faire attention*. **To be careless** : *être négligent*. **Carelessness** : *la négligence*.
9. **a sheep** : *un mouton* (rappelons que **mutton** désigne *la viande du mouton*).
10. **to be shattered** : *être ébranlé*.
11. **to shilly-shally** : *tourner autour du pot, agir de manière dilatoire*.

She looked at him when he said this. She hadn't thought of him at all. She had been too much absorbed in her own misery to be concerned with [1] his.

"I'm so tired," she sighed.

He leaned forward and roughly seized her wrist.

"Speak," he cried.

"You're hurting me."

"And what about me [2] ? D'you think you're not hurting me ? How can you have the heart to let me suffer like this ?"

He let go of [3] her arm and sprang to his feet. He walked to the end of the room and back again. It looked as though the movement had suddenly roused [4] him to fury. He caught her by the shoulders and dragged her [5] to her feet. He shook her.

"If you don't tell me the truth I'll kill you," he cried.

"I wish you would [6]," she said.

"He was your lover ?"

"Yes."

"You swine [7]."

With one hand still [8] on her shoulder so that she could not move he swung back his other arm and with a flat palm struck her repeatedly, with all his strength, on the side of her face. She quivered [9] under the blows [10], but did not flinch [11] or cry out. He struck her again and again. All at once he felt her strangely inert, he let go of her and she sank unconscious to the floor. Fear seized him. He bent down and touched her, calling her name. She did not move.

---

1. **to be concerned with :** 1) *être concerné par* 2) *être contrarié par.* **A concern :** *une contrariété, un souci.*

2. **what about me ? :** *quoi au sujet de moi ?* C'est-à-dire : *et moi, alors ?*

3. **to let go of :** *lâcher prise.*

4. **to rouse :** *exciter.* C'est un verbe « causatif », c'est-à-dire qu'il signifie littéralement **"to make rise".**

5. **to drag :** *traîner, tirer, hisser.* Intransitivement, **to drag** signifie *traîner* au sens de *durer, poursuivre avec une lenteur exagérée.*

6. **I wish you would** (sous-entendu **"kill me"**) : m. à m. : *je souhaite que tu le fasses* (**would** est un conditionnel). La

Elle le regarda. Elle n'avait eu aucune pensée pour lui. Elle était bien trop absorbée par son propre chagrin pour se soucier du sien, à lui.

Elle soupira.

— Je suis si fatiguée.

Il se pencha vers elle et lui saisit le poignet.

— Parle ! s'écria-t-il.

— Tu me fais mal.

— Et moi, alors ? Tu crois que je n'ai pas mal ? Comment peux-tu me faire souffrir ainsi ?

Il la lâcha et se redressa. Il se mit à arpenter la pièce de long en large et l'exercice semblait exciter sa colère. Il la saisit par les épaules et la força à se mettre debout. Il la secoua.

— Si tu ne me dis pas la vérité, je te tue.

— Si seulement c'était vrai.

— Il était ton amant ?

— Oui.

— Espèce de traînée !

Une main posée sur son épaule pour l'immobiliser, Saffary, de son autre main, lui expédia à toute volée une série de gifles. Les coups la faisaient sursauter, mais elle ne chercha pas à les éviter et ne poussa pas un cri. Il la frappa à coups redoublés, puis, tout d'un coup, comme atteint de paralysie, il lâcha pirse, tandis qu'elle s'effondrait sans connaissance. Elle était complètement inerte.

---

forme I **wish** + conditionnel équivaut à notre forme « si seulement ».

7. **you swine** : m. à m. : *toi, porc* ! Injure violente (*espèce de cochonne*).

8. **still** : *toujours, encore.* I am still **here** : *je suis toujours ici* (= je ne suis pas encore parti). I am **always here** : *je suis toujours ici* (= je ne quitte jamais cet endroit). Contraire de **still** : **not yet** ; contraire de **always** : **never**.

9. **to quiver** : *vibrer, tressaillir.*

10. **the blows** : *les coups.*

11. **to flinch** : *flancher.*

He lifted her up and put her back into the chair from which a little while before he had pulled her. The brandy that had been brought when first she fainted [1] was still in the room and he fetched it and tried to force it down her throat. She choked [2] and it spilt [3] over her chin and neck. One side of her pale face was livid from the blows of his heavy hand. She sighed a little and opened her eyes. He held the glass again to her lips, supporting her head, and she sipped [4] a little of the neat [5] spirit. He looked at her with penitent, anxious eyes.

"I'm sorry, Violet. I didn't mean to do that. I'm dreadfully ashamed of myself. I never thought I could sink so low [6] as to hit a woman."

Though she was feeling very weak and her face was hurting, the flicker [7] of a smile crossed her lips. Poor Tom. He did say [8] things like that. He felt like that. And how scandalized he would be if you asked him why a man shouldn't hit a woman. But Saffary, seeing the wan [9] smile, put it down to her indomitable [10] courage. By God, she's a plucky [11] little woman, he thought. Game isn't the word [12].

"Give me a cigarette," she said.

He took one out of his case and put it in her mouth. He made two or three ineffectual [13] attempts to strike [14] his lighter. It would not work.

"Hadn't you better get a match ?" she said.

---

1. **when first she fainted** : m. à m. : *quand pour la première fois elle s'était évanouie.*
2. **to choke** : *s'étouffer, s'asphyxier.*
3. **to spill, spilt, spilt** : *renverser un liquide, s'écouler.*
4. **to sip** : *boire à petites gorgées.*
5. **neat** (à propos d'un alcool) : *pur, non dilué.* Autres sens de **neat** : *net, propre, sans bavure.*
6. **to sink (sank, sunk) low** : *s'abaisser.*
7. **flicker** : *une lueur fugitive.* **To flicker** : *brûler ou luire faiblement et de façon sporadique.*
8. **he did say** : forme emphatique de l'auxiliaire **to do**, lequel ne s'emploie normalement comme auxiliaire qu'aux formes négative et interrogative.
9. **wan** : *pâle, blanchâtre* (suggère toujours la notion de faiblesse).

118

Il la releva pour la transporter jusqu'au fauteuil d'où il l'avait tirée quelques instants plus tôt. La bouteille de cognac était restée dans la pièce et, de force, il tenta de lui en faire boire une gorgée. Elle suffoqua et le liquide se répandit sur son cou. Sa joue était marbrée de traces de coups. Il n'y était pas allé de main morte ! Elle soupira faiblement, ouvrit les yeux, tandis que, lui soutenant la tête, il lui présentait le verre de cognac. Elle en absorba quelques gouttes. Il la regardait maintenant d'un air déconfit et honteux.

— Pardonne-moi, Violette. Cela a été plus fort que moi. Tu ne peux pas savoir comme j'ai honte. Je n'aurais jamais cru que j'étais capable d'une goujaterie et d'une brutalité pareilles.

Malgré son extrême faiblesse, et en dépit de la douleur causée par les coups qu'elle avait reçus, Violette ébaucha un pâle sourire. Pauvre Tom ! Comme cela lui ressemblait, de dire des choses pareilles, et de les penser ! Et par ailleurs, comme il eût été scandalisé si l'on était venu lui demander pourquoi un homme n'aurait pas le droit de battre sa femme ! Mais, percevant ce pâle sourire, Saffary le mit au compte de son courage indomptable. Brave petit bout de femme, pensait-il. Intrépide comme pas deux !

— Donne-moi une cigarette, dit-elle.

Il en prit une de son étui et la lui plaça entre les lèvres. Il essaya de faire marcher son briquet, mais celui-ci ne voulait pas s'allumer.

— Tu ne ferais pas mieux d'aller chercher une allumette ?

---

10. **indomitable** : *indomptable.*

11. **plucky** : *courageux, intrépide.* **To show some pluck** : *faire preuve de courage, de mordant.*

12. **game isn't the word = "to be game"** : *être prêt à relever un défi* (à un jeu, un pari, une compétition). "Isn't the word" : m. à m. : *n'est pas le mot* (qui convient pour la qualifier. Sous-entendu : *il faudrait trouver un mot plus fort encore).*

13. **ineffectual** : *inefficace. Efficacité :* **efficiency** : *efficace :* **efficient.**

14. **to strike (struck, stricken) a lighter, a match** : *allumer un briquet, une allumette.*

For the moment she had forgotten her heart-rending [1] grief and was faintly amused at the situation. He took a box from the table and held the lighted match to her cigarette. She inhaled the first puff with a sense of infinite relief.

"I can't tell you how ashamed I am, Violet," he said. "I'm disgusted with myself. I don't know what came over me [2]."

"Oh, that's all right. It was very natural. Why don't you have a drink ? It'll do you good."

Without a word, his shoulders all hunched up [3] as though the burden [4] that oppressed him were material, he helped himself to a brandy and soda. Then, still silent, he sat down. She watched the blue smoke curl [5] into the air.

"What are you going to do ?" she said at last.

He gave a weary [6] gesture of despair.

"We'll talk about it tomorrow. You're not in a fit state [7] tonight. As soon as you've finished your cigarette you'd better [8] go to bed."

"You know so much, you'd better know everything."

"Not now, Violet."

"Yes, now."

She began to speak. He heard her words, but could hardly make sense [9] of them. He felt like a man who has built himself a house with loving care and thought to live in it all his life, and then, he does not understand why, sees the housebreakers [10] come and with their picks [11] and heavy hammers [12] destroy it room by room, till what was a fair dwelling-place is only a heap of rubble [13].

---

1. **heart-rending :** *qui déchire le cœur, déchirant.* To rend, rent, rent : *faire une déchirure accidentelle* (dans un tissu). Synonyme : **to tear, tore, torn.**

2. **what came over me :** m. à m. : *ce qui est venu sur moi,* c'est-à-dire : *ce qui m'a pris, ce qui m'a saisi.*

3. **hunched up :** *ramassé sur lui-même, le dos voûté.* A hunchback : *un bossu.*

4. **burden :** *un fardeau.*

5. **curl :** *boucle* (de cheveux), *volute* (de fumée). To curl : *boucler* (cheveux) ou *s'enrouler en volutes.* Curly hairs : *des cheveux bouclés.*

6. **weary :** *las, fatigué.* Weariness : *lassitude.*

Elle avait conscience d'avoir à cet instant oublié son chagrin atroce, et cette pensée l'amusa. Saffary prit la boîte d'allumettes posée sur la table et alluma la cigarette de Violette. Elle aspira profondément la première bouffée, ce qui lui procura un extraordinaire soulagement.

— Je ne saurais te dire à quel point j'ai honte, Violette. Je me dégoûte, je ne comprends pas ce qui m'a pris.

— Oh, cela suffit. C'était très naturel. Prends donc un verre, tu en as besoin.

Sans mot dire, la tête rentrée dans les épaules, comme s'il portait un fardeau, il alla se servir un verre de cognac avec du soda. Puis, gardant toujours le silence, il s'assit. Violette observait les volutes de fumée bleue.

— Qu'est-ce que tu vas faire ?

Il leva les bras d'un air las.

— Nous en parlerons demain. Ce soir, tu n'es pas en état de discuter ; tu ferais bien d'aller te coucher dès que tu auras fini ta cigarette.

— Maintenant que tu es au courant, autant que tu saches tout.

— Pas maintenant, Violette.

— Si, maintenant.

Elle se mit à parler. Il entendait bien ses paroles, mais il n'en saisissait pas le sens. Il lui semblait que, après avoir construit sa maison de ses propres mains, et s'imaginant devoir y passer le reste de ses jours, sans raison, les démolisseurs étaient arrivés et, avec leurs marteaux et leurs pioches, la détruisaient pièce par pièce, pour n'en laisser qu'un tas de débris.

---

7. **not in a fit state** : m. à m. : *pas dans un état convenable.*
8. **you'd better** = **you had better** : *tu ferais mieux de.* Noter que dans cette tournure, l'infinitif qui suit ne prend pas **to.**
9. **to make sense** (m. à m. : *faire sens*) : *avoir une signification, être cohérent, logique, tenir debout.* Contr. : **nonsense** : *ce qui est absurde.*
10. **housebreaker** : *un cambrioleur* ("**to break into a house**" : *s'introduire dans une maison par effraction*).
11. **pick** : *une pioche.*
12. **hammer** : *un marteau.*
13. **rubble** : *des déchets, des débris.*

What made it so awful was that it was Knobby Clarke who had done this thing. They had come out to the F.M.S. on the same ship and had worked at first on the same estate. They call the young planter a creeper [1] and you can tell him [2] in the streets of Singapore by his double felt hat [3] and his khaki coat turned up the wrists. Callow [4] youths who saunter about staring and are inveigled [5] by wily [6] Chinese into buying worthless truck [7] from Birmingham which they send home as Eastern curios [8], sit in the lounges of cheap hotels drinking innumerable stengahs, and after an evening at the pictures get into rickshaws and finish the night in the Chinese quarter. Tom and Knobby were inseparable. Tom, a big, powerful fellow, simple, very honest, hard-working ; and Knobby, ungainly [9], but curiously attractive [10], with his deep-set eyes, hollow cheeks, and large humorous mouth. It was Knobby who made the jokes and Tom who laughed at them. Tom married first. He met Violet when he went on leave [11]. The daughter of a doctor killed in the war, she was governess in the house of some people who lived in the same place as his father. He fell in love with her because she was alone in the world, and his tender heart was touched by the thought of the drab [12] life that lay before her. But Knobby married, because Tom had [13] and he felt lost without him, a girl who had come East to spend the winter with relations.

---

1. **creeper** : *plante grimpante, lierre.* Ici, emploi particulier : désigne un élève planteur dans les théeries de Ceylan ou dans les plantations d'hévéas en Malaisie.

2. **to tell someone** : m. à m. : *dire quelqu'un. Le reconnaître, l'identifier par son aspect, son allure.*

3. **felt hat** : *chapeau de feutre.*

4. **callow** (généralement avec le nom **youths**) : *jeunot, qui manque d'expérience.*

5. **to inveigle** : *embobiner, séduire de façon spécieuse.*

6. **wily** : *rusé, astucieux.*

7. **worthless truck** : *camelote sans valeur.*

8. **Eastern curios** : *des « curiosités », des souvenirs orientaux.*

Le pire était que Knobby Clarke était l'auteur de ce désastre. Saffary et lui étaient arrivés en Malaisie à bord du même bateau, ils avaient commencé à travailler ensemble sur la même plantation. Les planteurs nouveaux venus portent le surnom de « jeunes tigres » et, dans les rues de Singapour, ils sont reconnaissables à leurs feutres à large bord, et à leurs sahariennes aux manches retroussées. Ces jeunots aux regards étonnés sont une proie facile pour les camelots chinois. Ils se font refiler de la pacotille fabriquée à Birmingham et l'expédient en Angleterre en croyant avoir acquis des articles orientaux authentiques. Ils boivent des stengahs à qui mieux mieux dans les salons d'hôtels de seconde zone, vont passer la soirée au cinéma et, après le film, se font conduire en pousse-pousse au quartier chinois. Tom et Knobby étaient inséparables : l'un, grand et fort, simple, honnête et travailleur ; l'autre, dégingandé mais sympathique, le regard sombre, les joues creuses et la bouche toujours fendue en un large sourire. Knobby plaisantait, et Tom était bon public. C'est lui qui s'était marié le premier. Il avait fait la connaissance de Violette au cours d'un congé. Elle était la fille d'un médecin qui avait été tué pendant la guerre et elle travaillait comme gouvernante à l'endroit où vivait le père de Tom. Il s'était épris d'elle, car elle était seule au monde, et son cœur tendre s'était ému en songeant à l'existence médiocre qui attendait Violette. Knobby, qui était très esseulé après le mariage de Tom, avait épousé une jeune fille venue passer l'hiver en Orient, chez des parents qui y demeuraient.

---

9. **ungainly :** *disgracieux, gauche, maladroit.*
10. **attractive :** *séduisant, attirant.*
11. **on leave :** *en congé, en permission.* **To leave, left, left :** *quitter, s'en aller, prendre congé.*
12. **drab :** *ennuyeux, sans intérêt, routinier.*
13. **because Tom had** (sous entendu : "married"). Normalement **to marry** est un verbe transitif. Mais ici, afin d'alléger la construction, l'auteur emploie "to marry" dans le sens de "to get married" *(se marier).*

Enid Clarke had been very pretty then in her blonde way [1], and full-face she was pretty still, though her skin, once so clear and fresh, was already faded [2]; but she had a very weak, small, insignificant chin and in profile reminded you of [3] a sheep. She had pretty flaxen [4] hair, straight, because in the heat it would not keep its wave, and china [5]-blue eyes. Though but twenty-six, she had already a tired look. A year after marriage she had a baby, but it died [6] when only two years old. It was this that Tom Saffary managed to get Knobby the post of manager of the estate next his own. The two men pleasantly resumed [7] their old familiarity [8], and their wives, who till then had not known one another very well, soon made friends [9]. They copied one another's frocks and lent one another servants and crockery [10] when they gave a party. The four of them met every day. They went everywhere together. Tom Saffary thought it grand [11].

The strange thing was that Violet and Knobby Clarke lived on these terms of close intimacy for three years before they fell in love with one another. Neither [12] saw love approaching. Neither suspected that in the pleasure each took in the other's company there was anything more than the casual [13] friendship of two persons thrown together [14] by the circumstances of life. To be together gave them particular happiness, but merely a quiet sense of comfort.

---

1. **in her blonde way** : m. à m. : *de sa blonde façon.*
2. **to fade :** *perdre son éclat, s'atténuer.*
3. **to remind someone of something :** *rappeler quelque chose à quelqu'un.*
4. **flax :** *le lin* (plante). Mais *le lin* (tissu de coton) : **linen ;** *l'huile de lin :* **linseed oil.**
5. **china :** *la porcelaine.*
6. **it died :** le mot "baby" prend le neutre pour impliquer que le bébé en question était encore très jeune, comme asexué (!).
7. **to resume :** *reprendre* (le cours de quelque chose). *Résumer :* to sum up.
8. **familiarity** = friendship, acquaintance.
9. **to make friends :** *nouer une amitié, se lier.*

Enid Clarke était une blondinette encore assez mignonne, mais elle avait perdu son teint, naguère si frais et délicat. Elle possédait un tout petit menton insignifiant, qui lui donnait, vue de profil, un air ovin. Elle avait des cheveux de lin tout raides, car la chaleur du climat leur faisait vite perdre la moindre ondulation, et des yeux d'un bleu de porcelaine. Elle n'avait que vingt-six ans, mais paraissait déjà fatiguée. Le bébé qu'elle avait eu un an après son mariage était mort prématurément alors qu'il n'avait que deux ans. C'est après cela que Tom s'était arrangé pour procurer à Knobby l'emploi de régisseur sur la plantation voisine de la sienne. Les deux hommes avaient alors repris leurs anciennes relations, et leurs épouses, qui, auparavant, ne se connaissaient pas très bien, étaient devenues amies. Elles avaient le même goût en matière de robes, envoyaient leurs domestiques et leur vaisselle l'une chez l'autre quand elles donnaient une réception. Tous quatre se voyaient quotidiennement, ils sortaient ensemble, et Tom Saffary trouvait que c'était épatant.

Violette et Knobby Clarke s'étaient ainsi côtoyés pendant trois années avant de s'éprendre l'un de l'autre. Ils ne se rendirent pas compte de la façon dont cela se produisit. La satisfaction que chacun éprouvait à se trouver dans la compagnie de l'autre leur semblait la conséquence naturelle d'un rapprochement que le hasard avait favorisé. Ils n'éprouvaient pas une joie particulière à être ensemble, mais simplement un sentiment agréable de sécurité.

---

10. **crockery :** *la vaisselle.* Mais « *faire la vaisselle* » *:* to wash up ou to do the washing up.

11. **grand :** *grandiose, superbe.*

12. **neither :** *ni l'un ni l'autre.* Contr. **either :** *l'un ou l'autre.* **Both :** *tous deux.*

13. **casual :** *banal, accidentel.*

14. **to be thrown (to throw, threw, thrown) together :** *être mis en présence l'un avec l'autre, être assemblés.*

If by chance [1] a day passed without their meeting [2] they left unaccountably bored. That seemed very natural [3]. They played games together. They danced together. They chaffed one another. The revelation came to them by what looked life pure accident. They had all been to a dance at the club and were driving home [4] in Saffary's car. The Clarkes's estate was in the way and he was dropping [5] them at their bungalow. Violet and Knobby sat in the back. He had had a good deal to drink, but was not drunk ; their hands touched by chance, and he took hers and held it. They did not speak. They were all tired. But suddenly the exhilaration [6] of the champagne left him and he was cold sober [7]. They knew in a flash [8] that they were madly in love with one another and at the same moment they realized they had never been in love before. When they reached the Clarkes's Tom said :

"You'd better hop in [9] beside me, Violet."

"I'm too exhausted [10] to move," she said.

Her legs seemed so weak that she thought she would never be able to stand.

When they met next day neither referred to what had happened, but each knew that something inevitable had passed. They behaved to one another [11] as they had always done, they continued to behave so for weeks, but they felt that everything was different. At last flesh and blood [12] could stand it no longer and they became lovers.

---

1. **by chance** : *par hasard.*
2. **without their meeting** : m. à m. : *sans leur rencontre* (nom verbal). "They met" devient "their meeting" après without.
3. **very natural** : *très naturel, très normal.*
4. **to drive (drove, driven) home** : *rentrer chez soi en automobile.*
5. **to drop** : *laisser tomber.*
6. **exhilaration** : *euphorie, joie.*
7. **cold sober** : *complètement dégrisé.* **Sober** : *qui n'a pas bu d'alcool ;* **cold** est ici adverbial.
8. **in a flash** : *en un éclair.*
9. **to hop** : *sauter, faire un bond.* Syn. : to jump.

S'il arrivait qu'une journée s'écoulât sans qu'ils se vissent, ils se trouvaient tout désœuvrés. Mais cela leur semblait aller de soi. Ils jouaient, ils dansaient, ils échangeaient des plaisanteries. La manière dont leurs vrais sentiments se révélèrent leur sembla purement accidentelle. Tout le monde était allé danser au club, et ils rentraient dans la voiture de Saffary. Comme la propriété des Clarke se trouvait sur son chemin, il les déposait au passage. Violette et Knobby étaient assis à l'arrière. Il avait bien bu, mais sans être ivre. Par hasard, leurs mains se touchèrent et il garda celle de Violette dans la sienne. Pas une parole ne fut échangée. Ils étaient tous fatigués. Mais, soudain, les vapeurs du champagne se dissipèrent et il vit clair en lui-même. Tous deux se rendirent compte alors, comme dans un éclair, qu'ils étaient follement épris l'un de l'autre, comme jamais ils n'avaient été épris de personne auparavant. En arrivant chez les Clarke, Tom dit à Violette de passer à l'avant de la voiture, près de lui.

— Excuse-moi, répondit-elle, mais je ne tiens plus debout.

Elle avait l'impression qu'elle ne pouvait plus se lever.

Le lendemain, quand elle revit Knobby, ils n'évoquèrent pas ce qui s'était produit, mais ils savaient bien qu'ils avaient franchi une étape de façon irréversible. En apparence, ils ne modifièrent pas leur attitude l'un vis-à-vis de l'autre, et cela pendant des semaines, mais ils savaient bien que ce n'était plus comme auparavant. Enfin le jour arriva où ils devinrent amants.

---

10. **exhausted :** *épuisé, à plat.*
11. **they behaved to one another :** m. à m. : *ils se comportèrent l'un vis-à-vis de l'autre.*
12. **flesh and blood :** m. à m. : *la chair et le sang.*

But the physical tie [1] seemed to them the least important element in their relation [2], and indeed their way of living made it impossible for them, except very seldom [3], to enjoy any intimate connexion. It was enough that they saw one another, though in the company of others, every day ; a glance [4], a touch of the land, assured them of their love, and that was all that mattered [5]. The sexual act was no more than an affirmation of the union of their souls.

They very seldom talked of Tom or Enid. If sometimes they laughed together at their foibles [6] it was not unkindly. It might have seemed odd [7] to them to realize how completely these two people whom they saw so constantly had ceased to matter to them if they had given them enough thought to consider the matter [8]. Their relations with them fell into the routine of life that nobody notices, like shaving [9] oneself, dressing, and eating three meals a day. They felt tenderly towards them [10]. They even took pains to please them, as you would with a bed-ridden invalid [11], because their own happiness was so great that in charity [12] they must do what they could for others less fortunate. They had no scruples. They were too much absorbed in one another to be touched even for a moment by remorse. Beauty now excitingly kindled [13] the pleasant humdrum life [14] they had led so long.

But then an event took place that filled them with consternation.

---

1. **tie :** 1) *lien ;* 2) *cravate* (a bow tie : *un nœud papillon*).
2. **relation :** *la nature de leurs rapports. Une relation* (connaissance) : a **connection, an acquaintance ;** *une relation* (un récit) : a **report.**
3. **very seldom :** *très rarement.*
4. **a glance :** *un coup d'œil rapide ou superficiel.*
5. **that was all that mattered :** m. à m. : *c'était tout ce qui importait.*
6. **a foible :** *un point faible, une faiblesse,* syn. : **weakness.**
7. **odd :** *bizarre.* Autre sens : *impair* (numération).
8. **if they had given them enough thought to consider the matter :** m. à m. : *s'ils leur avaient accordé suffisamment de pensée pour considérer la question.*
9. **to shave :** *raser* ou *se raser* (la construction avec **oneself** est inhabituelle).

Mais la relation physique ne leur paraissait pas l'élément essentiel de leurs rapports et, d'ailleurs, les circonstances leur interdisaient, sinon de manière tout à fait exceptionnelle, de pouvoir se rencontrer en complète intimité. Ils se contentaient de se voir quotidiennement, bien que ce fût dans la compagnie d'autres personnes. Leur amour se rassasiait d'un regard, d'une furtive étreinte de leurs mains, et l'acte sexuel n'était pour eux que la sanction d'une alliance spirituelle.

Ils ne parlaient guère de Tom ou d'Enid. S'il leur arrivait de se moquer de leurs petits travers, ce n'était jamais avec malveillance. Ils ne se rendaient pas compte à quel point ces deux personnes, qu'ils voyaient sans cesse, avaient petit à petit cessé d'avoir pour eux la moindre importance. Leurs rapports avec elles faisaient partie d'une routine aussi banale que le fait de se raser, de s'habiller ou de prendre trois repas par jour. Ils avaient de l'affection pour eux et ils se donnaient même du mal pour leur être agréables, à la manière dont on prend soin d'un malade grabataire ; ils possédaient tant de bonheur en partage qu'ils se faisaient un charitable devoir d'accomplir un geste en faveur des moins fortunés. Ils étaient sans scrupules, trop absorbés à l'égard l'un de l'autre pour éprouver le moindre remords. L'existence monotone qu'ils avaient menée jusqu'ici se trouvait désormais éclairée d'une lumière vivifiante.

Or les circonstances allaient les contrarier profondément.

---

10. **felt (to feel, felt, felt) tenderly towards them :** m. à m. : *sentaient tendrement envers elles.*
11. **bed-ridden invalid :** *un infirme grabataire.* **Bed-ridden** : *cloué au lit.*
12. **in charity :** *par charité.*
13. **to kindle :** *éclairer gaiement* (torche, bougie, feu de joie).
14. **humdrum life :** *une existence routinière et monotone.*

The company for which Tom worked entered into negotiations [1] to buy extensive [2] rubber plantations in British North Borneo and invited Tom to manage [3] them. It was a better job than his present one, with a higher salary, and since he would have assistants under him he would not have to work so hard. Saffary welcomed the offer. Both Clarke and Saffary were due for leave [4] and the two couples had arranged to travel home together. They had already booked their passages [5]. This changed everything. Tom would not be able to get away for at least a year. By the time [6] the Clarkes came back the Saffarys would be settled in Borneo. It did not take Violet and Knobby long to decide that there was only one thing to do. They had been willing enough [7] to go on as they were, notwithstanding [8] the hindrances [9] to the enjoyment of their love, when they were certain of seeing one another continually ; they felt that they had endless [10] time before them and the future was coloured with a happiness that seemed to have no limit ; but neither could suffer for an instant the thought of separation. They made up their minds to run away [11] together, and then it seemed to them on a sudden [12] that every day that passed before they could be together always and all the time [13] was a day lost. Their love took another guise. It flamed into [14] a devouring passion that left them no emotion to waste [15] on others.

---

1. **to enter into negotiations** : *entamer des négociations.*
2. **extensive** : *vaste, large.*
3. **to manage :**1) *s'accommoder, s'arranger ; 2) diriger.*
4. **due for leave** : m. à m. : *dû pour un congé (c'était la date de leur congé).*
5. **passage** : *un billet pour la traversée.* S'il s'agissait d'un vol, ce serait **flight**, d'un voyage en train, ce serait **fare.**
6. **by the time** : *lorsque, au moment où.*
7. **to be willing enough** : *être d'accord en faisant preuve de bonne volonté. Accepter sans élever d'objections.*
8. **notwithstanding** : *nonobstant.*
9. **hindrance** : *un obstacle, une gêne, ce qui contrecarre.*
10. **endless** : *sans fin.* Cf. **careless** (*sans soin, négligent*), **thoughtless** (*étourdi*), **harmless** (*inoffensif*).
11. **to run away** : *se sauver.*

La société pour le compte de laquelle travaillait Tom envisageait l'acquisition de grandes exploitations de caoutchouc dans le nord du Bornéo britannique et elle avait demandé à Tom de les diriger. Pour lui c'était une promotion, assortie d'un traitement plus élevé. Il disposerait de plusieurs collaborateurs sous ses ordres, et son travail serait moins astreignant. Cette proposition intéressait Saffary. Clarke et lui étaient alors sur le point de prendre leur congé, et les deux couples avaient pris leurs dispositions pour effectuer la traversée ensemble. Leurs places étaient déjà retenues. Cette situation nouvelle changeait tout cela. Tom n'allait pas pouvoir se libérer pendant au moins une année. Au retour des Clarke, les Saffary se trouveraient déjà à Bornéo. Violette et Knobby furent prompts à prendre une décision. Jusque-là, ils s'étaient contentés de leur sort. Ce n'était pas une situation idéale, mais ils avaient, du moins, la certitude de pouvoir se rencontrer tout le temps. Ils n'avaient jamais fait de projets d'avenir et leur bonheur semblait ne pas devoir prendre fin. Par contre, l'idée d'une séparation leur était insupportable. Ils décidèrent donc de partir ensemble et, leur décision prise, ils se mirent à vivre dans une attente fébrile. Chaque journée passée ainsi était pour eux une journée perdue. Leur passion les dévorait littéralement, et le reste du monde n'existait plus pour eux.

---

12. **on a sudden** : *tout à coup, sans crier gare.*
13. **always and all the time** : *sans discontinuer.*
14. **to flame into** : *s'embraser.*
15. **to waste** : *gaspiller, gâcher.*

They cared little for the pain they must cause Tom and Enid. It was unfortunate, but inevitable. They made their plans deliberately [1]. Knobby on the pretence of [2] business would go to Singapore and Violet, telling Tom that she was going to spend a week with friends on an estate down the line, would join him [3] there. They would go over to [4] Java and thence take ship to Sydney. In Sydney Knobby would look for a job. When Violet told Tom that the Mackenzies had asked her to spend a few days with them, he was pleased.

"That's grand. I think you want [5] a change, darling", he said. "I've fancied [6] you've been looking a bit peaked [7] lately."

He stroked [8] her cheek affectionately. The gesture stabbed [9] her heart.

"You've always been awfully good to me, Tom", she said, her eyes suddenly filled with tears.

"Well, that's the least I could be. You're the best little woman in the world."

"Have you been happy with me these eight years ?"

"Frightfully."

"Well, that's something, isn't it ? No one can ever take that away from you [10]".

She told herself that he was the kind of man who would soon console himself. He liked women for themselves and it would not be long after he had regained his freedom before he found someone [11] that he would wish to marry.

---

1. **deliberately** : *après mûre réflexion.*
2. **on the pretence of** : *sous prétexte de, en feignant de.*
3. **to join somebody** : *aller rejoindre quelqu'un.*
4. **to go over to** : *se rendre à un endroit éloigné.* Over marque le franchissement de l'espace entre le lieu de départ et la destination.
5. **to want** : *avoir besoin de* (syn. **to need, to require**).
6. **to fancy** : *se dire, penser que, conjecturer.*
7. **a bit peaked** : *un peu patraque.*
8. **to stroke** : *caresser.*
9. **to stab** : *poignarder.*

Peu importait le chagrin qu'éprouveraient Tom et Enid, ils n'y pouvaient rien. Leurs projets prirent une forme précise. Sous prétexte d'un voyage d'affaires, Knobby se rendrait à Singapour. Violette irait l'y rejoindre, après avoir raconté à Tom qu'elle allait passer une semaine de vacances chez des amis dans le Sud. Puis ils gagneraient Java, d'où ils embarqueraient pour Sydney. Là, Knobby chercherait du travail. Tom fut heureux d'apprendre que les Mackenzie avaient invité Violette à passer quelques jours chez eux.

— Excellente idée, ma chérie, cela te distraira un peu. J'ai remarqué que tu n'avais pas très bonne mine depuis quelque temps.

Il lui tapota la joue d'un geste affectueux. Violette en fut tout à coup bouleversée.

— Tu as toujours été très bon pour moi, Tom, dit-elle, les yeux remplis de larmes.

— Mais tu le mérites bien. Il n'existe pas deux femmes comme toi dans tout le monde.

— Tu as été heureux avec moi, depuis huit ans ?

— Merveilleusement.

— Eh bien ! tant mieux ! Au moins ce sont des souvenirs que tu n'oublieras pas.

Elle se disait que Tom n'était pas de ceux qui restent inconsolables. Il aimait les femmes, et dès qu'il aurait retrouvé sa liberté, il rencontrerait sûrement quelqu'un avec qui refaire sa vie.

---

10. **no one can take that away from you** : m. à m. : *personne ne peut te retirer cela.*

11. **before he found someone** : m. à m. : *avant qu'il trouve quelqu'un.*

And he would be just as happy with his new wife as he had been with her. Perhaps he would marry Enid. Enid was one of those dependent little things [1] that somewhat exasperated her and she did not think her capable of deep feeling [2]. Her vanity would be hurt ; her heart would not be broken. But now that the die was cast [3], everything settled and the day fixed, she had a qualm [4]. Remorse beset [5] her. She wished that it had been possible not to cause those two people such fearful distress. She faltered.

"We've had a very good time here, Tom", she said. "I wonder if it's wise to leave it all. We're giving up a certainty for we don't know what."

"My dear child, it's a chance in a million and much better money [6]."

"Money isn't everything. There's happiness."

"I know that, but there's no reason why we shouldn't be just as happy in B.N.B. [7] And besides, there was no alternative. I'm not my own master. The directors [8] want me to go and I must, and that's all there is to it [9]."

She sighed. There was no alternative for her either. She shrugged her shoulders. It was hateful to cause others pain ; sometimes you couldn't help yourself. Tom meant no more to her than the casual man on the voyage out [10] who was civil to you : it was absurd that she should be asked to sacrifice her life for him.

---

1. **little things :** m. à m. : « *petites choses* », c'est-à-dire « *femmelettes* » (péjoratif).
2. **deep feeling :** *le fait de sentir profondément,* c'est-à-dire *une profondeur de sentiments.*
3. **the die was cast :** *le dé était jeté.* Die : *un dé pour jouer. Un dé à coudre :* a thimble.
4. **a qualm :** *un doute, une appréhension.*
5. **to beset (beset, beset) :** *assiéger* (mentalement), obséder. Mais *assiéger* au sens propre, *mettre le siège :* to besiege.
6. **it's better money :** m. à m. : *c'est mieux d'argent,* c'est-à-dire : *cela rapportera davantage.*
7. **B.N.B. :** abréviation pour "British North Borneo".
8. **directors :** *les administrateurs.* The board of directors : *le conseil d'administration. Le directeur :* the manager. *Le*

Et il serait alors tout aussi heureux qu'il l'avait été auparavant. Il épouserait peut-être Enid. Cette dernière était une
de ces femmes peu entreprenantes qui avaient le don de
l'agacer, et qu'elle jugeait sans profondeur. Son amour-
propre serait blessé, mais elle n'en aurait pas le cœur brisé.
Les dés étaient jetés, et, maintenant que tout était prêt pour
le jour du départ, un doute l'étreignait, et les remords la
tourmentaient. Si seulement il était possible d'épargner à
ces deux êtres cette douloureuse épreuve. Elle murmura :

— Nous avons été heureux ici, Tom. Avons-nous raison
de tout abandonner ? Nous ne savons pas ce qui nous
attend.

— Mais, mon petit, cette occasion ne se reproduira pas,
et les avantages financiers sont énormes.

— Il n'y a pas que l'argent ! Le bonheur compte aussi.

— Je le sais, mais il n'y a aucune raison pour que nous
ne soyons pas tout aussi heureux à Bornéo. Du reste je
n'avais pas le choix, ce n'est pas moi qui commande. Les
administrateurs me disent d'y aller, et je n'ai rien d'autre à
faire que de leur obéir.

Elle soupira. Elle non plus n'avait pas le choix. Elle
haussa les épaules. Bien sûr, on déteste faire de la peine,
mais quand il n'y a pas moyen de faire autrement ! Tom ne
comptait pas plus pour elle qu'un passager à bord d'un
bateau dont on apprécie la bonne compagnie. On ne
pouvait pas lui demander de sacrifier sa vie pour lui.

---

président-directeur général : **the managing director.**
9. **that's all there is to it :** *il n'y a pas à discuter, c'est
ainsi.*
10. **on the voyage out :** *pendant la traversée à l'aller*
(contr. : **on the voyage home**).

The Clarkes were due to sail [1] for England in a fortnight and this determined the date of their elopement [2]. The days passed. Violet was restless and excited. She looked forward with a joy that was almost painful to the peace that she anticipated [3] when they were once [4] on board the ship and could begin the life which she was sure would give her at last perfect happiness.

She began to pack. The friends she was supposed [5] to be going to stay with entertained a good deal [6] and this gave her an excuse to take quite a lot of luggage. She was starting next day. It was eleven o'clock in the morning and Tom was making his round of the estate. One of the boys came to her room and told her that Mrs Clarke was there and at the same moment she heard Enid calling her. Quickly closing the lid of her trunk, she went out on to the veranda. To her astonishment Enid came up to her, flung [7] her arms round her neck and kissed her eagerly [8]. She looked at Enid and saw that her cheeks, usually pale, were flushed and that her eyes were shining. Enid burst into tears [9].

"What on earth's the matter [10], darling ?" she cried.

For one moment she was afraid that Enid knew everything. But Enid was flushed with delight and not with jealousy or anger.

"I've just seen Dr Harrow", she said. "I didn't want to say anything about it. I've had two or three false alarms, but this time he says it's all right [11]."

---

1. **due do sail** : m. à m. : *dus pour partir.* C'est-à-dire : *leur départ était prévu* (+ date).

2. **elopement** : *une fugue,* lorsqu'un couple décide de s'enfuir ensemble.

3. **to anticipate** : *attendre quelque chose d'agréable.*

4. **once** : *une fois* ou *une fois que. Il était une fois :* **once upon a time.**

5. **to be supposed to** : expression très courante signifiant « *être censé* » + infinitif.

6. **to entertain a good deal** : *recevoir beaucoup, donner de nombreuses réceptions.*

7. **to fling, flung, flung** : *lancer, jeter* (avec la main). A la différence de **to throw, to fling** implique une certaine affectivité (hostilité ou, comme ici, passion amoureuse).

Les Clarke devaient embarquer pour l'Angleterre quinze jours plus tard, et c'est pourquoi Violette et Knobby avaient fixé le jour de leur fuite. Au fur et à mesure que les jours passaient, celle-ci était de plus en plus impatiente. Elle attendait avec une joie presque douloureuse de goûter au calme qui les attendait sur ce bateau où tous deux pourraient enfin commencer cette vie nouvelle, porteuse de félicité.

Elle commença à faire ses valises. Les amis qui l'avaient soi-disant invitée recevaient souvent, ce dont elle tira prétexte pour emmener beaucoup de bagages. La veille de son départ arriva. Il était onze heures du matin, et Tom était en train de faire le tour de la plantation. L'un des boys entra dans sa chambre pour lui annoncer l'arrivée de Mrs. Clarke, et, en même temps, elle entendit Enid qui l'appelait. Elle referma promptement le couvercle de sa malle, et sortit sur la véranda. A sa stupéfaction, Enid se précipita vers elle et la prit dans ses bras en l'embrassant passionnément. Le visage d'Enid, ordinairement si pâle, était tout empourpré, et ses yeux brillaient. Enid fondit en larmes.

— Mais, ma chérie, qu'est-ce qui se passe ?

Elle redoutait qu'Enid fût au courant de tout, mais cette dernière éclatait de joie, et non de jalousie ou de colère.

— Je viens de chez le docteur Harrow. Je n'avais rien voulu dire, car j'ai déjà eu deux ou trois fausses alarmes, mais cette fois, ça y est.

---

8. **eagerly :** *avec avidité, avec enthousiasme.*
9. **to burst (burst, burst) into tears :** *éclater en larmes.*
10. **what on earth's [is] the matter :** *De quoi diable ("on earth") s'agit-il ? Que se passe-t-il donc ?*
11. **he says it's all right :** m. à m. : *il dit que ça va ; il dit que c'est pour de bon.*

A sudden coldness pierced Violet's heart.

"What do you mean ? You're not going to..."

She looked at Enid and Enid nodded.

"Yes, he says there's no doubt about it at all. He thinks I'm at least three months gone [1]. Oh, my dear, I'm so wildly happy [2]".

She flung herself again into Violet's arms and clung to her, weeping.

"Oh, darling, don't."

Violet felt herself grow pale as death and knew that if she didn't keep a tight hold of herself [3] she would faint.

"Does Knobby know ?"

"No, I didn't say a word. He was so disappointed before. He was so frightfully cut up [4] when baby died. He's wanted me to have another so badly."

Violet forced herself to say the things that were expected of her, but Enid was not listening. She wanted to tell the whole story of her hopes and fears, of her symptoms, and then of her interview with the doctor. She went on and on [5].

"When are you going to tell Knobby ?" Violet asked at last. "Now, when he gets in ?"

"Oh, no, he's tired and hungry when he gets back from his round. I shall wait till tonight after dinner."

Violet repressed a movement of exasperation ; Enid was going to make a scene of it [6] and was choosing her moment ; but after all, it was only natural. It was lucky, for it would give her the chance [7] to see Knobby first. As soon as she was rid of her [8] she rang him up.

---

1. **to be three months gone :** expression toujours relative à une grossesse : *enceinte de trois mois.*
2. **so wildly happy :** m. à m. : *si sauvagement heureuse.*
3. **to keep a tight hold of oneself :** *se tenir bien en main, étroitement serré,* c'est-à-dire *accomplir un gros effort pour se dominer.*
4. **to be cut (cut, cut) up :** *être mortifié, vexé, blessé.*
5. **to go on and on :** *poursuivre sans discontinuer* (son discours, son chemin, etc.).
6. **to make a scene of it :** *en faire toute une histoire, tout un plat.*
7. **chance :** ▲ : *occasion, opportunité. Chance :* luck.

Le sang de Violette ne fit qu'un tour.

— Que veux-tu dire ? Tu n'es pas... ?

Elle regardait Enid, qui fit signe que oui.

— Oui, il dit qu'il n'y a pas de doute possible. D'après lui, je suis enceinte de trois mois. Oh, ma chérie, tu ne peux pas savoir comme je suis contente.

Elle se jeta dans les bras de Violette en pleurant à chaudes larmes.

— Voyons, ma chérie !

Violette se sentit défaillir et se retint de toutes ses forces pour ne pas tomber.

— Knobby est au courant ?

— Non, je ne lui ai rien dit. Il avait déjà été si déçu. Et, quand nous avons perdu le bébé, il fut terriblement affecté. Il désire tellement que nous en ayons un autre.

Violette fit un effort pour dire ce qu'elle était censée dire dans ces circonstances, mais Enid ne l'écoutait même pas. Elle tenait à raconter toute l'histoire de ses espoirs et de ses craintes, de ses symptômes, de ses visites chez le docteur. Elle n'en finissait pas.

— Quand vas-tu en parler à Knobby ? finit par lui demander Violette. Maintenant, quand il rentrera ?

— Non, quand il revient de sa tournée, il est fatigué et il a faim. J'attendrai ce soir, après le dîner.

Violette réprima un mouvement d'exaspération. Enid voulait faire son effet et choisissait son moment. Mais, réflexion faite, n'était-ce pas naturel ? Et, au fond, voilà qui lui donnait l'occasion de voir Knobby la première. Dès qu'elle se fut débarrassée d'Enid, elle lui téléphona.

---

8. **to be rid of something :** *être débarrassé de quelque chose.* **To get rid of :** *se débarrasser de.* **Good riddance !** *Bon débarras !*

She knew that he always looked in at [1] his office on his way home, and she left a message asking him to call her [2]. She was only afraid that he would not do so till Tom was back, but she had to take a chance of that [3]. The bell rang and Tom had not come in.

"Hal ?"

"Yes."

"Will you be at the hut at three ?"

"Yes. Has anything happened ?"

"I'll tell you when I see you. Don't worry."

She rang off [4]. The hut was a little shelter on Knobby's estate which she could get to [5] without difficulty and where they occasionally met. The coolies passed it while they worked and it had no privacy ; but it was a convenient place for them without exciting comment [6] to exchange a few minutes' conversation. At three Enid would be resting and Tom at work in his office.

When Violet walked up Knobby was already there. He gave a gasp [7].

"Violet, how white you are."

She gave him her hand. They did not know what eyes might be watching them [8] and their behaviour here was always such as anyone could observe.

"Enid came to see me this morning. She's going to tell you tonight. I though you ought to be warned [9]. She's going to have a baby."

---

1. **to look in at :** *faire un saut* (quelque part), *jeter un coup d'œil.*

2. **to call her :** m. à m. : *l'appeler.*

3. **to take a chance of that :** m. à m. : *prendre une chance de cela.* C'est-à-dire : *en prendre le risque.*

4. **to ring (rang, rung) off :** *raccrocher le téléphone.* Contr. : *to ring up.*

5. **she could get to** = *to which she could get* : *où elle pouvait accéder.*

6. **to excite comment** (au singulier) : *susciter des commentaires, des commérages.*

7. **a gasp :** *un arrêt de la respiration.* **To gasp :** *suffoquer, haleter.*

Elle savait qu'il faisait toujours un saut au bureau avant de rentrer chez lui, et elle laissa un message pour lui demander de la rappeler. Sa seule crainte était qu'il ne pût le faire avant le retour de Tom, mais elle n'avait pas le choix. La sonnerie du téléphone se fit entendre avant que Tom ne fût rentré.

— Hal ?

— Oui.

— Peux-tu être à la cabane à trois heures ?

— Oui, que se passe-t-il ?

— Je t'expliquerai. Ne t'inquiète pas.

Elle raccrocha. La cabane était une petite remise située dans la plantation de Knobby. Elle pouvait s'y rendre facilement, et ils s'y voyaient de temps en temps. Les coolies passaient devant en allant à leur travail et ce n'était pas très intime. Mais c'était un endroit commode s'ils désiraient bavarder quelques instants sans provoquer de commérages. A trois heures Enid serait en train de se reposer et Tom à son bureau.

Quand Violette arriva, Knobby était déjà là. Il s'arrêta, le souffle coupé.

— Violette, mais tu es livide !

Elle plaça sa main dans celle de Knobby. D'habitude, de crainte d'être observés, ils surveillaient toujours leur attitude.

— Enid est venue me voir ce matin. Elle va t'en parler ce soir. Je voulais que tu saches : elle attend un bébé.

---

8. **what eyes might be watching them** : m. à m. : *quels yeux pouvaient* (étaient susceptibles de) *les observer* (surveiller). **May** et **might** expriment la possibilité hypothétique (**may be = perhaps**). On traduit souvent par « il se peut que » ou « il se pouvait que ». Ex. : **I might visit you next week** : *il se pourrait que je passe te voir la semaine prochaine.*

9. **you ought to be warned** = you should be warned. Il s'agit d'exprimer une obligation atténuée : *il faudrait* (on devrait) *te prévenir.*

"Violet !"

He looked at her aghast. She began to cry. They had never talked of the relations they had, he with his wife and she with her husband. They ignored the subject [1] because it was to each horribly painful. Violet knew what her own life was ; she satisfied her husband's appetite, but, with a woman's strange nonchalance, because to do so [2] gave her no pleasure, attached no importance to it ; but somehow she had persuaded herself that with Hal it was different. He felt now instinctively how bitterly what she had learned wounded [3] her. He tried to excuse himself.

"Darling, I couldn't help myself [4]."

She cried silently and he watched her with miserable eyes.

"I know it seems beastly [5]," he said, "but what could I do ? It wasn't as if I had any reason to..."

She interrupted him.

"I don't blame you. It was inevitable. It's only because I'm stupid that it [6] gives me such a frightful pain in my heart."

"Darling !"

"We ought to have gone away together two years ago. It was madness to think we could go on like this."

"Are you sure Enid's right ? She thought she was in the family way [7] three or four years ago."

"Oh, yes, she's right. She's frightfully happy. She says you wanted a child so badly [8]."

---

1. **they ignored the subject :** to ignore : *ne pas prêter attention à, passer sous silence.*
2. **to do so :** *agir ainsi.*
3. **to wound :** *blesser.* A wound : *une blessure.* To hurt (hurt, hurt) : *faire mal ou faire du mal.*
4. **I couldn't** (= could not) **help myself :** *je n'y pouvais rien, c'était plus fort que moi, je ne pouvais pas m'en empêcher.*
5. **beastly :** *horrible, méchant.* A beast : *une bête nuisible.* To be a beast : *se conduire d'une manière inexcusable.*
6. **it's only because I'm stupid :** m. à m. : *c'est seulement parce que je suis sotte.*

142

— Violette !

L'angoisse se peignit sur son visage. Elle fondit en larmes. Jamais ils n'avaient évoqué, lui, ses relations avec sa femme, elle, ses relations avec son mari. C'était un sujet pénible, qu'ils refusaient d'aborder. Violette savait, quant à elle, à quoi s'en tenir. Elle cédait aux avances de son mari, mais avec une nonchalance bien féminine, car, n'éprouvant aucun plaisir, elle n'accordait aucune importance à ces relations. Toutefois, elle s'était dit que pour Hal, ce n'était pas pareil. D'instinct, ce dernier perçut à quel point elle était blessée de ce qu'elle venait d'apprendre. Il chercha à se disculper.

— Ma chérie, ce n'est pas de ma faute.

Elle pleurait en silence et il la regardait d'un air malheureux.

— Je sais que ça a l'air monstrueux, mais qu'est-ce que je pouvais faire ? Ce n'est pas comme si...

Elle l'arrêta.

— Je ne t'en veux pas. Cela devait arriver. Mais je suis une idiote et j'ai vraiment beaucoup de chagrin.

— Ma chérie !

— Nous aurions dû partir il y a deux ans. Il fallait être fous pour croire que nous pouvions continuer ainsi.

— Es-tu sûre qu'Enid ne se trompe pas ? Elle se croyait enceinte il y a trois ou quatre ans.

— Oh, il n'y a pas de doute. Elle est folle de joie. Elle dit que tu désirais tellement un enfant.

---

7. **in the family way :** m. à m. : *sur le chemin d'avoir une famille : être enceinte, attendre un bébé.* On dit aussi **"to expect a baby".** *Une femme enceinte, une future mère :* **an expectant mother.**
8. **to want something badly :** *désirer ardemment quelque chose.*

"It's come as such an awful surprise. I don't seem able [1] to realize it yet."

She looked at him. He was staring at the leaf-strewn earth [2] with harassed eyes. She smiled a little.

"Poor Hal." She sighed deeply. "There's nothing to be done [3] about it. It's the end of us."

"What do you mean ?" he cried.

"Oh, my dear, you can't very well leave her now, can you ? It was all right before. She would have been unhappy, but she would have got over it [4]. But now it's different. It's not a very nice time for a woman anyhow. For months she feels more or less ill. She wants affection. She wants to be taken care of [5]. It would be frightful to leave her to bear it all alone [6]. We couldn't be such beasts."

"Do you mean to say you want me to go back to England with her ?"

She nodded gravely.

"It's lucky you're going. It'll be easier when you get away and we don't see one another every day."

"But I can't live without you now." ·

"Oh, yes, you can [7]. You must. I can. And it'll be worse for me, because I stay behind and I shall have nothing."

"Oh, Violet, it's impossible."

"My dear, it's no good arguing [8]. The moment she told me I saw it meant that. That's why I wanted to see you first.

---

1. **I don't seem able** + infinitif : m. à m. : *je ne semble pas être capable,* c'est-à-dire « *il semble que je sois incapable de* (faire quelque chose) ».

2. **leaf-strewn earth :** to strew, strewed, strewn = *répandre, joncher.* S'emploie surtout au participe passé.

3. **there's nothing to be done :** *il n'y a rien à faire. Que faire ?* What is to be done ?

4. **to get over something :** *surmonter quelque chose, l'admettre.* Ex. : you will get it over : *tu t'en remettras, tu n'en mourras pas.*

5. **to take care of :** *s'occuper de quelqu'un, le soigner.* Par antiphrase : *tuer quelqu'un, l'exécuter.* Ex. : **they will take care of him** : *ils se chargeront de lui.*

— Si je m'attendais à cela ! Je n'arrive pas à y croire.

Elle le regarda. Il fixait sans les voir les feuilles mortes qui jonchaient le sol. Elle eut un pâle sourire.

— Pauvre Hal, soupira-t-elle. Il n'y a plus rien à faire. Pour nous, c'est terminé.

— Que veux-tu dire ? s'exclama-t-il.

— Mais, mon pauvre, tu ne peux décemment pas l'abandonner dans cet état. Avant, bien sûr, elle aurait été malheureuse, mais elle aurait fini par se faire une raison. Mais, maintenant, ce n'est plus pareil. Elle va passer par une période difficile et se sentir plus ou moins malade pendant plusieurs mois. Elle a besoin d'être entourée, d'être choyée. On ne peut pas la laisser seule dans cet état. Ce serait monstrueux de notre part.

— Tu veux dire qu'il faut que je rentre en Angleterre avec elle ?

Elle hocha la tête en signe d'acquiescement.

— C'est une chance que vous partiez. Ce sera plus facile pour moi, car nous ne nous verrons pas tous les jours.

— Mais je ne peux plus vivre sans toi.

— Mais si. Il le faut. Moi, j'y arriverai bien, et ce sera plus dur pour moi, car je reste et je n'aurai plus rien.

— Oh, Violette ! C'est impossible.

— Mon chéri, à quoi bon discuter ? Dès qu'elle m'a mise au courant, j'ai compris ce que cela signifiait. Voilà pourquoi je voulais d'abord te voir.

---

6. **to bear (bore, born) it alone :** m. à m. : *le supporter toute seule.* "It" fait allusion à la situation en général, à la fois sa grossesse et le départ de son mari.

7. **yes, you can :** *si, tu le peux.*

8. **it's no good arguing :** *il ne sert à rien de discuter.*

I thought the shock might lead you to blurt out [1] the whole truth. You know I love you more than anything in the world. She's never done me any harm. I couldn't take you away from [2] her now. It's bad luck on both of us, but there it is, I simply wouldn't dare to do a filthy thing [3] like that."

"I wish I were dead", he moaned.

"That wouldn't do her any good, or me either", she smiled.

"What about the future ? Have we got to sacrifice our whole lives ?"

"I'm afraid so. It sounds rather grim [4], darling, but I suppose sooner or later we shall get over it. One gets over everything."

She looked at her wrist-watch.

"I ought to be getting back [5]. Tom will be in [6] soon. We're all meeting at the club at five."

"Tom and I are supposed to be playing tennis [7]." He gave her a pitiful look. "Oh, Violet, I'm so frightfully unhappy."

"I know. So am I. But we shan't do any good by talking about it."

She gave him her hand, but he took her in his arms and kissed her, and when she released herself [8] her cheeks were wet with his tears. But she was so desperate [9] she could not cry.

Ten days later the Clarkes sailed.

---

1. **to blurt out** : *laisser échapper, se trahir* (en paroles).
2. **take away from** : *enlever à, ôter, confisquer.*
3. **a filthy thing** : *une crasse.* **Filthy** : *crasseux, dégoûtant.* **Filth** : *la saleté.*
4. **it sounds rather grim** : *cela a plutôt l'air sinistre* (d'après ce que j'entends). S'il s'agissait de quelque chose que l'on peut voir, il faudrait dire "it looks **rather grim**".
5. **I ought to be getting back** : idée d'obligation atténuée *(« je devrais rentrer », « il faudrait que je rentre »).*
6. **to be in** : *être chez soi* (contr. to be out). Ex. : is Paul in ? No, he is out.
7. **we are supposed to be playing tennis** : *nous sommes censés jouer au tennis, en principe nous faisons une partie de tennis.*

J'ai craint que, si tu n'étais pas prévenu, tu n'ailles tout lui dire. Tu sais que je t'aime plus que tout au monde. Elle ne m'a jamais rien fait. Je ne pourrais pas t'enlever à elle maintenant. Ce n'est pas de veine pour nous, mais il n'y a rien à faire. Je ne serais jamais capable de lui faire une pareille saleté.

— Je voudrais être mort, fit-il d'un ton plaintif.

— Cela n'arrangerait pas ses affaires ; ni les miennes.

Elle sourit.

— Mais plus tard ? Faut-il que nous sacrifiions toute notre vie ?

— Je le crains. Ce n'est pas très rose, mais il faudra que nous nous y fassions. On se fait à tout.

Elle jeta un coup d'œil à sa montre-bracelet.

— Il faut que je me sauve. Tom va rentrer. Nous nous verrons tous au club à cinq heures.

— Je dois jouer au tennis avec Tom. Il la regarda d'un air pitoyable. Oh, Violette, je suis si malheureux !

— Je sais bien. Moi aussi. Mais ça ne sert à rien d'en parler.

Elle lui tendit la main, mais il la prit dans ses bras et l'embrassa. Quand elle se dégagea, ses joues étaient couvertes de larmes. Mais c'étaient celles de Knobby : elle était trop affectée pour pleurer.

Les Clarke partirent dix jours plus tard.

---

8. **to release** : *relâcher ou relaxer (un détenu).* **A release** : *une relaxe, une libération.*

9. **to be desperate** : *être au désespoir.* **A desperate attempt** : *une ultime tentative.* **A desperate criminal** : *un forcené.*

While George Moon was listening to as much of this story as [1] Tom Saffary was able to tell him, he reflected in his cool, detached way how odd it was that these commonplace people, leading lives so monotonous, should have been convulsed by such a tragedy. Who would have thought that Violet Saffary, so neat and demure, sitting in the club reading the illustrated papers or chatting with her friends over a lemon squash [2], should have been eating her heart out [3] for love of that ordinary man ? George Moon remembered seeing Knobby at the club the evening before he sailed. He seemed in great spirits. Fellows [4] envied him because he was going home. Those who had recently come back told him by no means [5] to miss the show [6] at the Pavilion. Drink flowed freely. The Resident had not been asked to the farewell party the Saffarys gave for the Clarkes, but he knew very well what it had been like [7], the good cheer, the cordiality, the chaff, and then after dinner the gramophone turned on [8] and everyone dancing. He wondered what Violet and Clarke had felt as they danced together. It gave him an odd sensation of dismay [9] to think of the despair that must have filled their hearts while they pretended [10] to be so gay.

And with another part of his mind George Moon thought of his own past. Very few knew that story. After all, it had happened twenty-five years ago.

"What are you going to do now, Saffary ?" he asked.

---

1. **as much of this story as** : m. à m. : *autant de cette histoire que...* C'est-à-dire : *la portion de ce récit.*
2. **over a lemon squash** : le français dit « *devant un citron pressé* ».
3. **to eat one's heart <u>out</u>** : m. à m. : *se manger* (se ronger) *le cœur jusqu'à épuisement* (out).
4. **fellows** : *des types, des hommes.*
5. **by no means** : *en aucun cas, en aucune façon, pas du tout.*
6. **to miss the show** : *rater le spectacle.* **To miss the train** : *rater le train.* Mais, **to miss someone** : *s'ennuyer après une personne* (cette personne vous manque).
7. **what it is like** : *à quoi cela ressemble, comment c'est.*

En écoutant les fragments de cette histoire, que lui contait Tom Saffary, George Moon songeait avec un calme détachement au contraste que présentaient, d'une part, ces personnages si prosaïques, dont la vie était si monotone, et, d'autre part, la tragédie qui les avait bouleversés. Qui se fût douté que cette Violette Saffary, si sage et si posée, que l'on pouvait voir, au club, en train de feuilleter des illustrés ou bavarder avec ses amis en dégustant un citron pressé, était dévorée de passion pour un homme aussi quelconque que Knobby ? Moon se rappelait l'avoir vu au club la veille de son départ. Il paraissait d'excellente humeur. Tout le monde eût souhaité être à sa place. Ceux qui rentraient d'Angleterre lui recommandaient de ne pas manquer le spectacle du Pavillon. On buvait sec. On n'avait pas invité le résident à la réception d'adieux que les Saffary avaient donnée en l'honneur des Clarke, mais il savait bien comment elle avait dû se passer. Il imaginait aisément la bonne humeur générale, les conversations animées, et, après le dîner, les danses au son du gramophone. Il se demandait ce qu'avaient bien pu éprouver Violette et Clarke en dansant ensemble. La pensée de leur désespoir secret sous une apparence de feinte gaieté lui procurait rétrospectivement un sentiment d'horreur.

Et, par ailleurs, George Moon pensait à son propre passé. Peu de gens connaissaient son histoire. Cela s'était passé vingt-cinq ans plut tôt.

— Qu'allez-vous faire, Saffary ?

---

8. **the gramophone turned on :** *le gramophone en marche* (on a tourné la manivelle). On exprime l'activité, **off** la cessation d'une activité. **To be on duty :** *être en service, être de garde.* **To be off duty :** *être au repos.*
9. **dismay :** *effroi, terreur.*
10. **to pretend :** *faire semblant, simuler.* Prétendre : **to claim.**

"Well, that's what I wanted you to advise me about [1]. Now that Knobby's dead I don't know what's going to happen to Violet if I divorce her. I was wondering if I oughtn't [2] to let her divorce me [3]."

"Oh, you want to divorce ?"

"Well, I must."

George Moon lit another cigarette and watched for a moment the smoke that curled away [4] into the air.

"Did you ever know that I'd been married ?"

"Yes, I think I'd heard. You're a widower, aren't you ?"

"No, I divorced my wife. I have a son of twenty-seven. He's farming [5] in New Zealand. I saw my wife the last time I was home on leave. We met at a play [6]. At first we didn't recognize one another. She spoke to me. I asked her to lunch at the Berkeley."

George Moon chuckled [7] to himself. He was alone. It was a musical comedy. He found himself sitting next to a large fat dark [8] woman whom he vaguely thought he had seen before, but the play was just starting and he did not give her a second look [9]. When the curtain fell after the first act she looked at him with bright eyes and spoke.

"How are you, George ?"

It was his wife. She had a bold, friendly manner [10] and was very much at her ease.

"It's a long time since we met," she said.

"It is."

---

1. **what I wanted you to advise me <u>about</u>** : *ce au sujet de quoi je désirais que vous me donniez un conseil.*
2. **oughtn't = ought not.** Doublet défectif du verbe to owe *(avoir une dette).* Syn. : **should not** (sans to).
3. **to let her divorce me :** *faire qu'elle introduise une demande en divorce contre moi.*
4. **curled away.** To curl : *onduler, boucler.* "Away", postposition, indique la direction.
5. **to farm :** *faire de la culture ou/et de l'élevage.*
6. **a play :** *une pièce de théâtre.* **A player** (ou **an actor, an actress**) : *un acteur, une actrice. Jouer une pièce :* to interpret a play.
7. **to chuckle :** *rire discrètement, sous cape.*

— C'est justement la raison pour laquelle j'ai besoin de votre avis. Maintenant que Knobby est mort, je ne sais pas ce qui arrivera à Violette si je demande le divorce. Je devrais peut-être lui en laisser l'initiative.

— Vous désirez divorcer ?

— Il faut bien.

George Moon alluma encore une cigarette et observa les volutes de fumée.

— J'ai été marié, le saviez-vous ?

— Oui, je crois. Vous êtes veuf, n'est-ce pas ?

— Non, j'ai divorcé. J'ai un fils de vingt-sept ans. Il est fermier en Nouvelle-Zélande. J'ai revu ma femme au cours de mon dernier congé. Nous nous sommes rencontrés au théâtre. D'abord, nous ne nous sommes pas reconnus. Elle m'a adressé la parole et je l'ai invitée à déjeuner au Berkeley.

George Moon eut un petit ricanement. Il s'était rendu seul à une comédie musicale. Assise à côté de lui, se trouvait une grosse femme brune qu'il avait l'impression d'avoir déjà vue. Mais la pièce commençait, et il ne fit plus attention à sa voisine. A la fin du premier acte, elle se tourna vers lui et, avec une expression de grande gaieté, lui demanda :

— Alors, George, comment vas-tu ?

C'était sa femme. Son attitude était directe, enjouée, très naturelle.

— Il y a bien longtemps que nous ne nous sommes vus, dit-elle.

— C'est vrai.

---

8. **dark :** *sombre.* Mais on dit plus couramment **dark** que "brown haired".

9. **a second look :** m. à m. : *un deuxième coup d'œil.*

10. **a bold, friendly manner :** m. à m. : *une manière* (attitude) *audacieuse* (directe) *et amicale* (cordiale).

"How has life been treating you ?"

"Oh, all right."

"I suppose you're a Resident now. You're still in the Service [1], aren't you ?"

"Yes. I'm retiring [2] soon, worse luck."

"Why ? You look very fit."

"I'm reaching the age limit. I'm supposed to be an old buffer [3] and no good any more."

"You're lucky to have kept so thin [4]. I'm terrible, aren't I ?"

"You don't look as though you were wasting away [5]".

"I know. I'm stout and I'm growing stouter all the time. I can't help it and I love food. I can't resist [6] cream and bread and potatoes."

George Moon laughed, but not at what she said ; at his own thoughts. In years gone by [7] it had sometimes occurred to him that he might meet her, but he had never thought that the meeting would take this turn [8]. When the play was ended and with a smile she bade him good night, he said :

"I suppose you would'nt lunch [9] with me one day ?"

"Any day you like".

They arranged a date and duly met [10]. He knew that she had married the man on whose account he had divorced her, and he judged by her clothes that she was in comfortable circumstances [11]. They drank a cocktail. She ate the *hors-d'œuvre* with gusto [12].

---

1. **the Service** (majuscule de dignité) = the Colonial Service : *l'administration coloniale.*

2. **to retire :** *prendre sa retraite. La retraite :* retirement. Mais « *la retraite de Russie* » : retreat from Russia.

3. **old buffer :** *une vieille ganache, un vieux bonze.*

4. **to keep (kept, kept) thin :** *garder la ligne.*

5. **to waste away** (intransitif) : *s'étioler.* To waste one's money away (transitif) : *dilapider son argent.*

6. **I can't (cannot) resist** (transitif) : *je ne peux pas résister à.*

7. **years gone by :** *les années passées.*

8. **turn :** *virage* ou *tournure.*

9. **I suppose you wouldn't lunch :** m. à m. : *je suppose que tu ne voudrais pas...* C'est une forme d'invitation discrète.

— Et que deviens-tu ?

— Rien de spécial.

— Tu dois être résident, maintenant. Tu es toujours en activité, n'est-ce pas ?

— Oui, mais je dois bientôt prendre ma retraite, et cela ne me sourit pas.

— Mais pourquoi ? Tu parais très en forme.

— La limite d'âge. En principe, je suis un vieux croûton, plus bon à rien.

— Tu as de la veine d'avoir gardé ta ligne. Regarde-moi. C'est épouvantable, non ?

— Effectivement, tu ne donnes pas l'impression d'avoir dépéri.

— Je le sais bien, et je n'arrête pas de grossir. Je n'y peux rien, j'adore manger. Je ne peux me passer ni de crème, ni de pain, ni de pommes de terre.

George Moon se mit à rire, non pas de ce qu'elle disait, mais de ses propres réflexions. Dans le passé, il lui était parfois venu à l'esprit qu'il pourrait la revoir. Mais jamais il n'avait imaginé que ce serait de cette façon. A la fin du spectacle, elle lui sourit et lui dit bonsoir.

— Est-ce que cela te dirait de déjeuner avec moi un de ces jours ?

— Quand tu voudras.

Ils se fixèrent rendez-vous et se revirent. Il savait qu'elle avait épousé celui qui avait été la cause de leur divorce. A en juger par la façon dont elle était habillée, elle ne devait manquer de rien. Ils prirent un cocktail. Elle mangea ses hors-d'œuvre de bon appétit.

---

10. **they duly met :** *ils se rencontrèrent comme convenu.* Due, duly signifient qu'un accord a été conclu, qu'un événement a été prévu. Ex. : **the train is due to arrive at 9 a.m.**

11. **circumstances :** *l'état de fortune.* **To be in comfortable circumstances** : *être à l'aise.* On peut dire également **to be comfortably off.**

12. **gusto :** *énergie enthousiaste.*

She was fifty if she was a day [1], but she carried her years with spirit [2]. There was something jolly and careless about her, she was quick on the uptake [3], chatty, and she had the hearty, infectious [4] laugh of the fat woman who has let herself go [5]. If he had not known that her family had for a century been in the Indian Civil Service he would have thought that she had been a chorus girl [6]. She was not flashy, but she had a sort of flamboyance of nature that suggested the stage [7]. She was not in the least embarrassed.

"You never married again, did you ?" she asked him.

"No."

"Pity. Because it wasn't a success the first time there's no reason why it shouldn't have been the second [8]."

"There's no need for me to ask if you've been happy."

"I've got nothing to complain of. I think I've got a happy nature. Jim's always been very good to me ; he's retired now, you know, and we live in the country, and I adore Betty."

"Who's Betty ?"

"Oh, she's my daughter. She got married two years ago. I'm expecting to be [9] a grandmother almost any day."

"That ages us a bit [10]".

She gave a laugh.

---

1. **if she was a day** : m. à m. : *si elle avait un jour.* C'est-à-dire « *elle n'avait pas moins de* ».

2. **spirit** : *bravoure, courage.* Mais il existe de nombreux autres sens possibles *(alcool, force spirituelle).* A lord spiritual n'est pas « *un seigneur spirituel* », mais un évêque membre de la Chambre des Lords, pour le distinguer des Lords laïques ("The Lords temporal").

3. **to be quick on** (ou in) **the uptake** : *saisir rapidement,* « *piger* » *vite.*

4. **infectious** : *contagieux.*

5. **to let oneself go** : *se faire plaisir, céder à ses caprices, ne pas se retenir.*

6. **chorus girl** : *une danseuse de music-hall. Une danseuse classique :* a ballet dancer.

Elle avait la cinquantaine bien sonnée, mais elle était très bien conservée. Elle avait beaucoup de pétulance, de vivacité, et elle riait aux éclats, comme seules savent le faire les grosses femmes. S'il n'avait pas su que dans sa famille les hommes faisaient, depuis plus d'un siècle, partie de l'administration coloniale, il l'eût volontiers prise pour une ancienne danseuse de music-hall. Sans être vraiment tapageuse, elle possédait une personnalité dont la spontanéité exubérante évoquait les feux de la rampe. Elle était totalement à son aise.

— Tu ne t'es pas remarié ? lui demanda-t-elle.

— Non.

— C'est dommage. Ce n'est pas parce que ça avait raté la première fois qu'il fallait te décourager.

— En ce qui te concerne, j'ai à peine besoin de te demander si tu es heureuse.

— Je n'ai pas à me plaindre. Je crois que je suis facile à vivre. Jim a toujours été parfait. Il a pris sa retraite, tu sais, et nous vivons à la campagne. Et puis, j'adore Betty.

— Qui est Betty ?

— Ma fille. Elle est mariée depuis deux ans. Je vais être grand-mère d'un jour à l'autre.

— Cela ne nous rajeunit pas.

Elle se mit à rire.

---

7. **the stage :** *la scène d'un théâtre. Le metteur en scène :* the stage manager.

8. **there's no reason why it shouldn't have been the second :** m. à m. : *il n'y a aucune raison pour qu'il* (sous-entendu : *le mariage*) *n'ait pas été* (sous-entendu : *une réussite*) *la deuxième* (sous-entendu : *fois*).

9. **I'm expecting to be :** *je m'attends à, je suis sur le point d'être.*

10. **that ages us a bit :** m. à m. : *cela nous vieillit un peu.*

"Betty's twenty-two. It was nice of you to ask me to lunch, George. After all, it would be silly to have any feelings about something [1] that happened so long ago as all that."

"Idiotic [2]."

"We weren't fitted to one another and it's lucky [3] we found it out before it was too late. Of course I was foolish, but then I was very young. Have you been happy too ?"

"I think I can say I've been a success [4]."

"Oh, well, that's probably all the happiness you were capable of [5]."

He smiled in appreciation of her shrewdness. And then, putting the whole matter aside [6] easily, she began to talk of other things. Though the courts had given him custody [7] of their son, he, unable to look after him, had allowed his mother to have him. The boy had emigrated at eighteen and was now married. He was a stranger [8] to George Moon, and he was aware that if he met him in the street he would not recognize him. He was too sincere to pretend that he took much interest in him. They talked of him, however, for a while [9], and then they talked of actors and plays.

"Well", she said at last, "I must be running away [10]. I've had a lovely lunch. It's been fun meeting you [11], George. Thanks so much."

He put her into a taxi and taking off his hat walked down Piccadilly by himself.

---

1. **to have feelings about something** : *éprouver des sentiments mêlés, de l'amertume.*
2. **idiotic** : *ridicule, stupide.*
3. **it's lucky** : *c'est de la veine.*
4. **I've been a success** : *j'ai réussi, j'ai fait une belle carrière.*
5. **the happiness you were capable of** : m. à m. : *le bonheur dont tu étais capable.*
6. **to put the matter aside** : m. à m. : *mettre la question de côté, abandonner le sujet.*
7. **custody** : *garde légale* (ici), ou *détention préventive.*
8. **a stranger** : *un étranger, un inconnu.*
9. **for a while** : *pendant un certain temps.*

— Betty a vingt-deux ans. Tu as été gentil de m'inviter à déjeuner, George. Après tout, ce serait trop bête de se bouder pour ce qui est arrivé il y a si longtemps.

— C'est bien mon avis.

— Nous n'étions pas faits l'un pour l'autre, et nous avons eu la chance de nous en apercevoir à temps. Je n'étais sûrement pas très maligne, mais j'étais très jeune. Et toi, tu es heureux ?

— Je peux dire sans me vanter que j'ai réussi.

— C'est peut-être ta manière à toi d'être heureux.

Il apprécia d'un sourire la finesse de son jugement. Changeant de sujet, elle se mit à lui parler de leur fils. Il avait été confié à la garde de son père par le tribunal, mais, incapable de s'en occuper, ce dernier avait autorisé la mère à le prendre avec elle. Le jeune homme avait émigré à l'âge de dix-huit ans et il était marié. C'était devenu un étranger pour George Moon, qui, il y songeait parfois, eût été incapable de le reconnaître s'il l'avait rencontré dans la rue. Du moins, avait-il l'honnêteté d'admettre que cela lui était indifférent. Pourtant, ils parlèrent un peu de lui, puis de théâtre, de pièces, d'acteurs.

— Bon, dit-elle, il faut que je me sauve. Merci pour ta charmante invitation, j'ai été très contente de te revoir, George, encore merci.

Il la mit dans un taxi et, tête nue, descendit Piccadilly à pied.

---

10. **I must be running away :** *il faut que je me sauve* (to run, ran, run). "Be running" de préférence à "run", car il s'agit de souligner l'imminence de l'action.

11. **it's been fun** + nom verbal : *cela a été drôle de* + infinitif *(j'ai été contente de...)*.

He thought her quite a pleasant, amusing woman : he laughed to think that he had ever been madly in love with [1] her. There was a smile on his lips when he spoke again to Tom Saffary.

"She was a damned good-looking girl [2] when I married her. That was the trouble [3]. Though, of course, if she hadn't been I'd never have married her. They were all after her [4] like flies round a honeypot. We used to have awful rows [5]. And at last I caught her out [6]. Of course I divorced her."

"Of course."

"Yes, but I know I was a damned fool [7] to do it." He leaned forward. "My dear Saffary, I know now that if I'd had any sense I'd have shut my eyes [8]. She'd have settled down [9] and made me an excellent wife."

He wished he were able to explain to his visitor how grotesque it had seemed to him when he sat and talked with that jolly, comfortable [10], and good-humoured woman that he should have made so much fuss about [11] what now seemed to him to matter so little.

"But one has one's honour to think of [12]", said Saffary.

"Honour be damned [13]. One has one's happiness to think of. Is one's honour really concerned because one's wife hops [14] into bed with another man ? We're not crusaders, you and I, or Spanish grandees [15].

---

1. **to be in love with** someone : *être amoureux de qqn.*
2. **damned good-looking girl** : m. à m. : *une femme sacrément belle.* His (ou her) good looks : *sa beauté.*
3. **the trouble** : *l'ennui, ce qui cloche.*
4. **after her** : sous-entendu "running" after her.
5. **awful rows** (pr. : 'rauz) : *des scènes, des disputes épouvantables.*
6. **to catch (caught, caught) someone <u>out</u>** : *attraper, prendre sur le fait, « pincer ».*
7. **a damned fool** : *un foutu crétin.*
8. **I'd (I should** ou **I would) have shut my eyes** : *j'aurais dû fermer (ou j'aurais fermé) les yeux.*
9. **to settle down** : *se calmer, s'assagir.*
10. **a comfortable woman** : *une femme avec laquelle on se sent à l'aise* ("comfortable" se rapporte à l'interlocuteur).

Quelle femme agréable et distrayante ! pensait-il. Et dire qu'il en avait été follement amoureux ! Aussi avait-il le sourire lorsqu'il s'adressa de nouveau à Saffary :

— C'était une beauté quand nous nous sommes mariés. C'est d'ailleurs ce qui détruisit notre ménage, mais autrement je ne l'aurais pas épousée !... Les hommes tournaient autour d'elle comme des mouches autour du miel. Nous avions des scènes terribles, et un beau jour je la surpris. Et, naturellement, j'ai demandé le divorce.

— Naturellement.

— C'est vrai, mais je sais que j'ai commis une idiotie impardonnable.

Il se pencha vers son interlocuteur.

— Mon cher Saffary, je sais aujourd'hui que si j'avais eu alors le moindre bon sens, j'aurais dû fermer les yeux. Tout serait rentré dans l'ordre et j'aurais eu une excellente épouse.

Il aurait voulu pouvoir expliquer à son visiteur sa réaction quand il s'était retrouvé en présence de cette femme agréable et enjouée, à quel point il avait, alors, jugé grotesque tout le scandale qu'il avait fait, jadis, autour d'un incident que, avec le recul des années, il trouvait maintenant dérisoire.

— Mais l'honneur est une chose qui compte, dit Saffary.

— Au diable, l'honneur ! On doit songer à son bonheur. Qu'est-ce que l'honneur vient faire, si votre femme fait un saut dans le lit d'un autre ? Nous ne sommes plus, vous et moi, au temps des croisades ou des grands d'Espagne.

---

11. **a fuss about :** *une histoire, un embarras.*
12. **to think (thought, thought) of something :** *songer, penser à qqch.*
13. **honour be damned :** m. à m. : *que l'honneur soit damné (aille au diable).*
14. **to hop :** *faire un petit saut, sautiller légèrement, comme un oiseau.*
15. **Spanish grandee :** *un grand d'Espagne.*

I *liked* my wife. I don't say [1] I haven't had other women. I have. But she had just that something [2] that none of the others could give me. What a fool I was to throw away what I wanted more than anything in the world because I couldn't enjoy exclusive possession of it [3] !"

"You're the last man I should ever have expected to hear speak like that."

George Moon smiled thinly [4] at the embarrassment that was so clearly expressed on Saffary's fat troubled face.

"I'm probably the first man you've heard speak the naked truth," he retorted.

"Do you mean to say that if it were all to do over again [5] you would act differently ?"

"If I were twenty-seven again I suppose I should be as big a fool as I was then. But if I had the sense I have now I'll tell you what I'd do if I found my wife had been unfaithful to me. I'd do just what you did last night : I'd give her a damned good hiding [6] and let it go at that."

"Are you asking me to forgive Violet ?"

The Resident shook his head slowly and smiled.

"No. You've forgiven her already. I'm merely advising you not to cut off your nose to spite your face [7]."

Saffary gave him a worried look. It disconcerted him to know that this cold precise man should see in his heart emotions which seemed so unnatural [8] to himself that he thrust them out [9] of his consciousness.

---

1. **I don't say** : *je ne nie pas.* **You don't say** ! (exclamation) : *pas possible ?*

2. **that something** : m. à m. : *ce quelque chose, ce « je-ne-sais-quoi ».*

3. **to enjoy exclusive possession of something** : *avoir l'exclusive possession d'un objet.*

4. **to smile thinly** : *faire un faible sourire, sourire à contre-cœur.*

5. **to do something <u>over again</u>** : *recommencer quelque chose, le refaire complètement.* Ex. : **please say it over again** : *voudriez-vous recommencer votre récit.*

6. **damned good hiding** : *une foutue correction.* Notons que, dans ce cas, le nom **hiding** ne doit pas être confondu

J'avais une femme qui me plaisait. Ce n'est pas que je n'aie pas eu d'autres femmes. Mais il y avait en elle quelque chose que je n'ai jamais retrouvé chez aucune autre. Quel imbécile j'ai été de rejeter ce dont j'avais le plus besoin, sous prétexte que je ne pouvais pas en être le propriétaire exclusif !

— Vous êtes vraiment la dernière personne dont je m'attendais à entendre de pareils propos !

George Moon eut un sourire fugitif devant la mine si décontenancée du gros Saffary.

— C'est peut-être que je suis le premier à vous dire la vérité toute nue, répliqua-t-il.

— Alors, si c'était à refaire, vous agiriez différemment ?

— Si j'avais de nouveau vingt-sept ans, je serais probablement aussi stupide que je l'étais alors. Mais si je savais ce que je sais aujourd'hui, je vais vous dire ce que je ferais, si je découvrais que ma femme m'a trompé. Comme vous-même l'avez fait hier soir, je lui flanquerais une bonne correction. Et j'en resterais là.

— Vous me demandez de pardonner à Violette ?

Le résident hocha la tête et sourit.

— Mais non. Vous lui avez déjà pardonné. Je vous conseille seulement de ne pas vous jeter à l'eau pour éviter d'être mouillé.

Saffary paraissait contrarié. Il était troublé de constater que cet homme d'une si froide rigueur pût percevoir en lui des émotions que leur inconvenance lui faisait bannir de son esprit.

---

avec son homonyme dérivé de **to hide (hid, hidden)** : **a hiding place** : *une cachette !*

7. **to cut off one's nose to spite one's face :** m. à m. : *se couper le nez pour se contrarier le visage.* Équivalent français : *scier la branche sur laquelle on est assis, se jeter à l'eau pour ne pas être mouillé.*

8. **which seemed so unnatural :** m. à m. : *qui semblaient si contre nature* (c'est-à-dire contraires aux convenances).

9. **to thrust out :** *bannir violemment.* **To thrust (thrust, thrust)** : *effectuer un mouvement violent.*

"You don't know the circumstances," he said. "Knobby and I were almost like brothers. I got him this job. He owed everything to me. And except for me [1] Violet might have gone on being a governess for the rest of her life. It seemed such a waste [2] ; I couldn't help feeling sorry for her. If you know what I mean, it was pity that first made me take any notice of her. Don't you think it's a bit thick [3] that when you've been thoroughly decent [4] with people they should go out of their way to do the dirty on you [5] ? It's such awful ingratitude."

"Oh, my dear boy, one mustn't expect gratitude. It's a thing that no one has a right to. After all, you do good because it gives you pleasure. It's the purest form of happiness there is. To expect thanks for it is really asking too much. If you get it, well, it's like a bonus [6] on shares on which you've already received a dividend ; it's grand, but you mustn't look upon [7] it as your due."

Saffary frowned. He was perplexed. He could not quite make it out [8] that George Moon should think so oddly about things that it had always seemed to him there were no two ways of thinking about [9]. After all there were limits. I mean [10], if you had any sense of decency you had to behave like a tuan [11]. There was your own self-respect to think of [12]. It was funny that George Moon should give reasons that looked so damned plausible for doing something that, well, damn it [13], you had to admit you'd be only too glad to do if you could see your way to it [14]. Of course George Moon was queer [15]. No one ever quite understood him.

---

1. **except for me :** *si je n'avais pas été là* (tournure équivalente : *if it had not been for me*).
2. **such a waste :** *un tel gâchis*.
3. **it's a bit thick :** *c'est un peu fort* (m. à m. : *épais*).
4. **thoroughly decent :** m. à m. : *totalement convenable*.
5. **to do the dirty on you :** m. à m. : *faire le crasseux sur vous* (« *vous faire des crasses* »).
6. **a bonus :** *une prime*.
7. **to look upon something :** *considérer, juger quelque chose*.

— Vous ne connaissez pas les circonstances, dit-il. Knobby était comme un frère pour moi. C'est moi qui lui avais procuré son emploi. Il me devait tout. Quant à Violette, sans moi, elle serait demeurée gouvernante jusqu'à la fin de ses jours. Cela me faisait pitié de la voir ainsi. Si je l'ai tirée de là, c'était par pure charité. Vous ne trouvez pas un peu choquant d'être traité de la sorte par des gens qui devraient vous être reconnaissants de ce que vous avez fait pour eux ? C'est d'une ingratitude inqualifiable.

— Oh, mon cher, ne comptez jamais sur la gratitude d'autrui. Personne n'y a droit. Après tout, si vous faites le bien, c'est que cela vous fait plaisir. C'est la forme de satisfaction la plus absolue qui puisse être. Alors, n'attendez pas des remerciements par-dessus le marché ! Si vous en recevez, considérez-les comme une prime, en plus des dividendes que vous avez déjà touchés. Tant mieux pour vous, mais ne les réclamez pas comme un dû.

Saffary était fort perplexe. Il ne pouvait pas comprendre que George Moon puisse avoir un point de vue si bizarre que des questions à propos desquelles, selon lui, aucune équivoque n'était possible. Mais, après tout, il y avait des limites. Enfin, c'était une question de dignité. Un tuan avait un rang à garder. On n'a pas le droit de perdre la face. Curieux type, ce George Moon, si convaincant pour justifier une décision que, flûte, après tout, je ne demanderais pas mieux que de prendre, si je voyais plus clair dans tout cela ! Ce George Moon était vraiment bizarre ; personne ne le comprenait bien !

---

8. **to make something out** : *comprendre* (= to understand).

9. **no two ways of thinking about** : m. à m. : *pas deux façons de juger (pas d'équivoque possible)*.

10. **I mean (to mean, meant, meant)** : m. à m. : *je veux dire.* Il s'agit d'une locution très courante (équivalent : « *voyez-vous* »).

11. **tuan** : *un « chef blanc »* selon le dialecte anglo-malais.

12. **to think of** : *penser à.*

13. **well, damn it** : juron courant *(fichtre, flûte).*

14. **to see one's way to something** : m. à m. : *voir son chemin en direction de qqch.* Donc : *y voir clair, savoir comment s'y prendre.*

15. **queer** : *bizarre* (syn. **odd, strange**). Autre acception : *un homosexuel.*

"Knobby Clarke is dead, Saffary. You can't be jealous of him any more [1]. No one knows a thing [2] except you and me and your wife, and tomorrow I'm going away for ever. Why don't you let bygones be bygones [3] ?"

"Violet would only despise me."

George Moon smiled and, unexpectedly on that prim, fastidious face [4], his smile had a singular sweetness.

"I know her very little. I always thought her a very nice woman. Is she as detestable as that ?"

Saffary gave a start and reddened to his ears.

"No, she's an angel of goodness. It's me who's detestable for saying that of her." His voice broke [5] and he gave a little sob [6]. "God knows I only want to do the right thing."

"The right thing is the kind thing [7]."

Saffary covered his face with his hands. He could not curb [8] the emotion that shook him.

"I seem to be giving, giving all the time, and no one does a God-damned thing for me. It doesn't matter if my heart is broken, I must just go on [9]." He drew the back of his hand across his eyes and sighed deeply. "I'll forgive her."

George Moon looked at him reflectively for a little.

"I wouldn't make too much of a song and dance [10] about it, if I were you," he said. "You'll have to walk warily [11]. She'll have a lot to forgive too."

---

1. **not... any more** : *plus... longtemps* (syn. **no longer**).
2. **no one knows a̲ thing** : m. à m. : *personne ne sait une seule chose.*
3. **to let bygones be bygones** : *oublier le passé, les vieilles histoires.*
4. **prim, fastidious face** : *un visage à l'expression à la fois sans indulgence ("prim") et raffinée, sophistiquée ("fastidious").*
5. **to break, broke, broken** : *se rompre.*
6. **a̲ little sob** : *un petit sanglot.*
7. **the kind thing** : *la chose aimable, bienveillante, généreuse.*
8. **to curb** : *maîtriser, dompter.*

— Knobby Clarke est mort, Saffary. Vous ne pouvez plus être jaloux de lui maintenant. Personne n'est au courant de rien, à part vous-même, votre femme, et moi. Et demain, je m'en vais pour ne pas revenir. Pourquoi ne pas faire une croix sur le passé ?

— Violette me mépriserait.

George Moon sourit et son visage prit une expression de tendresse inattendue.

— Je la connais à peine, mais j'ai toujours eu l'impression qu'elle était très gentille. Est-elle vraiment si odieuse ?

Saffary se redressa et rougit.

— Non, elle est adorable. C'est moi qui suis odieux de parler d'elle de la sorte. Sa voix se brisa, et, dans un sanglot, il ajouta : Dieu sait que je veux faire pour le mieux.

— Il n'y a rien de mieux que l'indulgence.

Saffary se couvrit le visage de ses deux mains. Il ne pouvait plus maîtriser son émotion.

— J'ai l'impression de toujours, toujours donner ; et personne ne fait jamais rien pour moi. Qui se soucie que j'aie le cœur brisé ? Il faut que je continue à donner.

Il s'essuya les yeux d'un revers de la main, poussa un profond soupir et ajouta :

— Je lui pardonnerai.

George Moon le regarda avec circonspection.

— A votre place, je ne me donnerais pas si bonne conscience. Ne soyez pas trop sûr de vous. Elle aussi a beaucoup à vous pardonner.

---

9. **to go on** : *continuer.*

10. **too much of a song and dance** : m. à m. : *trop de chant et de danse.* Le français dit « *trop de tam-tam* ».

11. **to walk warily** : *avancer avec circonspection, à pas comptés.* To be wary (pr. : 'weiri) : *faire preuve de prudence, de méfiance.*

"Because I hit her, you mean ? I know, that was awful of me."

"Not a bit [1]. It did her a power of good [2]. I didn't mean that. You're behaving generously, old boy [3], and, you know, one needs a devil of a lot [4] of tact to get people to forgive one one's generosity. Fortunately women are frivolous and they very quickly forget the benefits conferred upon them [5]. Otherwise, of course, there'd be no living with them [6]."

Saffary looked at him open-mouthed.

"Upon my word you're a rum 'un [7], Moon." he said. "Sometimes you seem as hard as nails [8] and then you talk so that one thinks you're almost human, and then, just as one thinks one's misjudged [9] you and you have a heart after all, you come out with something that just shocks one. I suppose that's what they call a cynic."

"I haven't deeply considered the matter," smiled George Moon, "but if to look truth in the face and not resent it [10] when it's unpalatable [11], and take human nature as you find it, smiling when it's absurd and grieved [12] without exaggeration when it's pitiful, is to be cynical, then I suppose I'm a cynic. Mostly human nature is both absurd and pitiful, but if life has taught you tolerance you find in it more to smile at than to weep."

When Tom Saffary left the room the Resident lit himself with deliberation [13] the last cigarette he meant to smoke [14] before tiffin.

---

1. **not a bit** : *absolument pas.*
2. **a power of good** : m. à m. : *une puissance de bien (le plus grand bien).*
3. **old boy** : m. à m. : *vieux garçon.* C'est-à-dire « *mon vieux* ».
4. **a devil of a lot** : *une sacrée dose.*
5. **benefit conferred upon someone** : *un avantage accordé à quelqu'un.*
6. **there'd** (= would) **be no living with** : *il serait impossible de vivre avec.*
7. **a "rum one"** (familier) : *un drôle de pistolet.*
8. **as hard as nails** : m. à m. : *aussi dur que des clous.*
9. **to misjudge** : *méjuger.*
10. **to resent** : *avoir de la rancune.* **Resentful** : *rancunier.*

— Vous voulez dire parce que je l'ai battue ? Je sais, c'est affreux.

— Pas du tout. Elle ne s'en porte que mieux. Ce n'est pas ce que je voulais dire. Vous êtes un garçon généreux : or il faut énormément de tact pour faire oublier sa générosité. Par bonheur, les femmes sont frivoles et promptes à oublier ce qu'on a pu faire pour elles. Si ce n'était le cas, elles seraient invivables.

Saffary demeurait bouche bée.

— Vous êtes vraiment un sacré loustic, Moon ! Vous donnez parfois l'impression d'être en bronze, et tout à coup, à vous entendre, on a l'impression que vous êtes presque comme tout le monde. Et au moment où l'on croyait vous avoir mal jugé, au moment où l'on se dit que, après tout, vous avez du cœur, voilà que vous sortez une chose absolument choquante. Vous devez être ce que l'on appelle un cynique.

— C'est une question que je n'ai pas examinée à fond, fit Moon ; mais si le fait de regarder la vérité en face, sans lui en vouloir d'être désagréable, si le fait d'accepter les hommes comme ils sont, de sourire de leur absurdité, de déplorer, sans excès, leurs misères, est ce que vous appelez du cynisme, eh bien oui ! je suis un cynique. Les hommes sont, par nature, absurdes et pitoyables, mais si l'expérience vous rend un jour indulgent, vous verrez qu'ils vous donneront davantage matière à rire qu'à pleurer.

Quand Tom Saffary eut quitté la pièce, le résident alluma lentement la dernière cigarette qu'il s'accordait avant d'aller déjeuner.

---

11. **unpalatable :** m. à m. : *désagréable au goût, au palais* (**palate**). Par extension : *déplaisant.* Cf. français « *difficile à avaler, à digérer* ».

12. **to be grieved :** *être dans l'affliction, éprouver un profond chagrin.* **To grieve for a loved one :** *déplorer la perte d'un cher disparu.*

13. **with deliberation :** *en prenant son temps, de manière ostentatoire.*

14. **(that) he meant to smoke :** *qu'il avait l'intention de fumer.*

It was a new role for him to reconcile an angry husband with an erring wife [1] and it caused him a discreet amusement. He continued to reflect upon human nature. A wintry [2] smile hovered upon [3] his thin and pallid lips. He recalled with what interest in the dry creeks of certain places along the coast he had often stood and watched the Jumping Johnnies. There were hundreds of them sometimes, from little things [4] of a couple of inches long to great fat fellows as long as your foot. They were the colour of the mud [5] they lived in. They sat and looked at you with large round eyes and then with a sudden dash [6] buried themselves in their holes. It was extraordinary to see them scudding on [7] their flappers [8] over the surface of the mud. It teemed with [9] them. They gave you a fearful feeling that the mud itself was mysteriously become alive and an atavistic terror froze your heart when you remembered that such creatures, but gigantic and terrible, were once the only inhabitants of the earth. There was something uncanny [10] about them, but something amusing too. They reminded you very much of human beings. It was quite entertaining to stand there for half an hour and observe their gambols [11].

George Moon took his topee off the peg [12] and not displeased with life stepped out [13] into the sunshine.

---

1. **an erring wife** : *une épouse qui s'est égarée, qui a commis une faute.*
2. **wintry** : *hivernal.*
3. **to hover upon** : *voltiger au-dessus* (pour raison d'euphonie on ne dit pas "hover over").
4. **little things** : *des petites créatures.*
5. **mud** : *la boue.* Muddy : *boueux.*
6. **a dash** : *un brusque mouvement.* To dash off : *partir en hâte.*
7. **to scud** : *ramer, patauger.*
8. **flapper** : *un aileron, un déflecteur, un aérofrein, etc.*
9. **to teem with** : *grouiller de.*
10. **uncanny** : *étrange et irréel.*
11. **gambols** : *des gambades, une danse* (cf. la « danse » des insectes), *un manège.*
12. **peg** : *patère, portemanteau. Un cintre :* a coat-hanger.
13. **to step out** : m. à m. : *faire un pas dehors (sortir).*

Le rôle de conciliateur entre un mari fâché et une femme fautive était nouveau pour lui, et il s'en amusait secrètement. Il poursuivit sa méditation sur la nature humaine. Un sourire glacial voltigeait sur ses lèvres minces et pâles. Il se remémorait certaines criques le long de la côte, où il avait observé avec intérêt les ébats des pingouins sauteurs. Ils étaient parfois des centaines, les uns minuscules, les autres six fois plus gros. Ils avaient la couleur de la boue au milieu de laquelle ils vivaient. Ils vous regardaient de leurs yeux tout ronds et, tout à coup, ils s'enfouissaient dans leur trou. Le mouvement de leurs ailerons sur la boue était un spectacle étonnant. C'était un grouillement tel que la boue paraissait prendre vie, et vous étiez alors saisi d'une terreur atavique en songeant que des créatures semblables à celles-ci, mais gigantesques et redoutables, avaient été les premiers habitants de notre planète. Ils étaient à la fois étranges et amusants. Ils faisaient songer à des humains. Suivre leur manère pendant une demi-heure était une distraction qui méritait un détour.

George Moon alla décrocher son casque colonial et, plutôt content de lui, sortit en plein soleil.

Révisions

1. Il n'avait pas envie de se rendre au club.
2. Il y en avait certains qu'il connaissait depuis trente ans.
3. Il les empêchait de maltraiter la main-d'œuvre.
4. Son abord n'avait rien d'avenant.
5. Il ne lui restait plus qu'à s'installer en province.
6. Tout le monde le considérait comme un chic type.
7. J'imagine que ma visite vous étonne.
8. C'est au sujet de la mort de Knobby.
9. Il se portait comme un charme.
10. On jouait les éliminatoires pour la Coupe.
11. Ils ne parlaient que de banalités.
12. Il rentra dès qu'il eut terminé son match.
13. Elle avait des tas de choses à faire à la maison.
14. Saffary sentit la moutarde lui monter au nez.

15. Essaie de te reprendre.
16. Il ne faut pas me prendre pour plus bête que je ne suis.
17. Leurs femmes devinrent bientôt amies.
18. Ils comprirent brusquement qu'ils s'aimaient.
19. La situation finit par devenir intenable.
20. Ils décidèrent de s'enfuir ensemble.
21. Tu n'as pas l'air dans ton assiette ces temps-ci.
22. Désormais les dés étaient jetés.
23. Leurs amis recevaient beaucoup.
24. On n'y peut rien.
25. Il faut que l'on s'occupe d'elle.
26. Nous n'étions pas faits l'un pour l'autre.

1. He hadn't the heart to go down to the club.
2. Some of them he had known for thirty years.
3. He would not let them ride roughshod over their labour.
4. There was nothing come-hither about him.
5. All that remained to him was to settle down in a country town.
6. He was generally known as a good chap.
7. I dare say you're surprised to see me.
8. It's on account of Knobby's death.
9. He was as fit as fiddle.
10. They were playing off the handicap for the Cup.
11. They never talked but of commonplace things.
12. He went home immediately he had finished his match.
13. She had plenty of things to do in the house.
14. Saffary began to grow a trifle impatient.
15. Try to pull yourself together.
16. You musn't take me for an utter fool.
17. Their wives soon made friends.
18. They knew in a flash that they were in love.
19. At last flesh and blood could stand it no longer.
20. They made up their mind to run away together.
21. You've been looking a bit peaked lately.
22. Now the die was cast.
23. Their friends entertained a good deal.
24. There's nothing to be done about it.
25. She wants to be taken care of.
26. We weren't fitted to one another.

Mayhew

Mayhew

Mayhew

The lives of most men are determined by their environnment. They accept the circumstances amid which fate has thrown [1] them not only with resignation but even with good will. They are like street-cars running contentedly [2] on their rails and they despise the sprightly flivver [3] that dashes in and out of the traffic and speeds so jauntily [4] across the open country. I respect them ; they are good citizens, good husbands, and good fathers, and of course somebody has to pay the taxes ; but I do not find them exciting. I am fascinated by the men, few enough in all conscience [5], who take life in their own hands and seem to mould it to their own liking [6]. It may be that we have no such thing as free will, but at all events [7] we have the illusion of it. At a cross-road it does seem to us that we might go either to the right or the left and, the choice once made, it is difficult to see that the whole course of the world's history [8] obliged us to take the turning we did.

I never met a more interesting man than Mayhew. He was a lawyer [9] in Detroit. He was an able and a successful one. By the time he was thirty-five he had a large and a lucrative practice, he had amassed a competence [10], and he stood on the threshold [11] of a distinguished career. He had an acute brain, an attractive personality, and uprightness [12]. There was no reason why he should not become, financially or politically, a power in the land.

---

1. **amid which fate has thrown (to throw, threw, thrown)** : m. à m. : *au milieu desquelles le destin les a jetés.*
2. **to run (ran, run) contentedly** : *rouler, poursuivre son chemin en étant satisfait, content de son sort.* On admettrait aussi bien la construction "contentedly running".
3. **sprightly flivver** : *une petite bagnole nerveuse.*
4. **to speed (sped, sped) jauntily** : *filer, aller vite en faisant des détours inattendus.* A **jaunt** : *une saute, un caprice, un écart.*
5. **in all conscience** : *en toute conscience* (celle du narrateur) ; donc : *sincèrement, à dire vrai.*
6. **their own liking** : *leur propre goût.*

La plupart des hommes voient leur existence conditionnée par leur cadre de vie. Ils acceptent les circonstances où le destin les a placés, non seulement avec résignation, mais de bon cœur. À la manière des tramways, ils se contentent de rouler sur leurs rails, et ils considèrent avec dédain les petites voitures de sport qui, se jouant de la circulation, filent capricieusement vers la campagne. Je les respecte : ce sont de bons citoyens, de bons maris, de bons pères, et, après tout, il faut bien qu'il y ait des gens pour payer des impôts. Mais ils ne m'intéressent pas. Ceux qui me fascinent sont les hommes, peu nombreux à vrai dire, qui, se prenant en charge, façonnent leur existence à leur guise. Il se peut que le libre arbitre n'existe pas, mais, du moins, pouvons-nous y croire. Parvenus à la croisée de deux chemins, nous avons l'impression d'avoir le choix entre celui de gauche et celui de droite, et, notre décision prise, il n'est guère facile de comprendre comment le déterminisme universel nous contraignait à faire ce choix.

Mayhew est l'homme le plus intéressant que j'aie jamais connu. Il vivait à Detroit. C'était un avocat très capable et très connu. A trente-cinq ans, il avait réussi à se constituer une solide clientèle et un gros chiffre d'affaires. Sa carrière s'annonçait brillante. Intelligent, sympathique et intègre, il était normalement destiné à devenir une personnalité influente dans la finance et dans la politique.

---

7. **at all events :** *en tout cas.*
8. **the whole course of the world's history :** *tout le cours de l'histoire universelle.*
9. **a lawyer :** *un juriste* (avocat, avoué, notaire). On ne spécifie la fonction que si l'on parle d'une affaire précise (**barrister :** *l'avocat au barreau* [**the bar**] ; **attorney :** *avoué ;* **notary :** *notaire*).
10. **competence :** 1) *compétence ;* 2) *moyens d'existence.*
11. **threshold :** *seuil.*
12. **uprightness :** *droiture, intégrité.*

One evening he was sitting in his club with a group of friends and they were perhaps a little the worse (or the better) for liquor [1]. One of them had recently come from Italy and he told them of [2] a house he had seen at Capri, a house on the hill, overlooking [3] the Bay of Naples, with a large and shady garden. He described to them the beauty of the most beautiful island in the Mediterranean.

"It sounds fine [4]," said Mayhew. 'Is that house for sale ?'

"Everything is for sale in Italy."

"Let's send 'em a cable and make an offer [5] for it."

"What in heaven's name would you do with a house in Capri ?"

"Live in it," said Mayhew.

He sent for [6] a cable form, wrote it out, and dispatched it. In a few hours the reply came back. The offer was accepted.

Mayhew was no hypocrite and he made no secret of the fact [7] that he would never have done so wild a thing [8] if he had been sober [9], but when he was he did not regret it. He was neither an impulsive nor an emotional man, but a very honest and sincere one. He would never have continued [10] from bravado [11] in a course that he had come to the conclusion [12] was unwise. He made up his mind to do exactly as he had said. He did not care for [13] wealth and he had enough money on which to live in Italy. He thought he could do more with life than spend it on composing the trivial quarrels [14] of unimportant people.

---

1. **for liquor** : à cause des boissons (alcoolisées).
2. **to tell (told, told) of** : parler de.
3. **to overlook** : 1) dominer, être situé au-dessus ; 2) ne pas faire attention, négliger.
4. **it sounds fine** : cela a l'air bien (d'après ce que l'on entend).
5. **to make an offer** : proposer un prix.
6. **to send (sent, sent) for** : envoyer chercher.
7. **no secret of the fact** : m. à m. : nul secret du fait.
8. **a wild thing** : une action déraisonnable, une folie.
9. **sober** : qui n'est pas sous l'influence de l'alcool.
10. **to continue in a course** : poursuivre dans une voie.
11. **bravado** : bravade.

Un soir qu'il était assis au club avec un groupe d'amis, et que l'alcool rendait peut-être la conversation plus facile, un homme se mit à évoquer l'Italie. Il en revenait, et parlait d'une maison qu'il avait vue sur la colline de Capri, dominant la baie de Naples et entourée d'un vaste jardin ombragé. Le voyageur vantait la splendeur de l'île, la perle de la Méditerranée.

— Ce doit être superbe, dit Mayhew. La maison est à vendre ?

— En Italie, tout est à vendre.

— Je vais télégraphier que je suis acquéreur.

— Mais que ferais-tu donc d'une maison à Capri ?

— J'y habiterais, dit Mayhew.

Il se fit apporter un formulaire télégraphique, le remplit et l'expédia. Quelques heures plus tard il reçut une réponse : on avait accepté sa proposition.

Mayhew n'était pas un hypocrite et il ne devait jamais nier qu'il n'eût jamais pris une initiative pareille si l'alcool ne l'avait pas aidé. Mais, une fois qu'il eut retrouvé toute sa lucidité, il ne regretta pas son impulsion. C'était un homme calme, stable, honnête avec lui-même. Il n'était pas dans sa nature de persévérer, par pur entêtement, dans un projet qui, réflexion faite, lui paraissait malencontreux. Il assuma donc complètement son idée. L'argent ne l'intéressait pas, et il en avait assez pour vivre en Italie. Il estima qu'il avait mieux à faire que de régler les litiges médiocres de personnes sans importance.

---

12. **to come to a conclusion :** *décider après réflexion.*
13. **to care for :** *aimer, attacher de l'importance à.*
14. **trivial quarrels :** *des querelles banales, mesquines.*

He had no definite plan. He merely wanted to get away from [1] a life that had given him all it had to offer. I suppose his friends thought him crazy ; some must have done all they could to dissuade him. He arranged his affairs, packed up his furniture, and started.

Capri is a gaunt [2] rock of austere outline, bathed in [3] a deep blue sea ; but its vineyards, green and smiling, give it a soft and easy grace. It is friendly, remote, and debonair. I find it strange [4] that Mayhew should have settled on this lovely island, for I never knew a man more insensible to beauty. I do not know what he sought there : happiness, freedom, or merely leisure ; I know what he found. In this place which appeals [5] so extravagantly [6] to the senses he lived a life entirely of the spirit [7]. For the island is rich with historic associations and over it broods [8] always the enigmatic memory of Tiberius the Emperor. From his windows which overlooked the Bay of Naples, with the noble [9] shape of Vesuvius changing colour with the changing light, Mayhew saw a hundred places that recalled [10] the Romans and the Greeks. The past began to haunt him. All that he saw for the first time, for he had never been abroad [11] before, excited his fancy ; ad in his soul stirred the creative imagination [12]. He was a man of energy. Presently he made up his mind to write a history. For some time he looked about for a subject, and at last decided on [13] the second century of the Roman Empire. It was little known and it seemed to him to offer problems analogous with those of our own day.

---

1. **to get away from** : s'éloigner de, échapper à.
2. **gaunt** : maigre, austère, rébarbatif.
3. **bathed in** : baigné par.
4. **I find it strange** : je trouve étrange le fait (que...).
5. **to appeal to** : m. à m. : en appeler à.
6. **extravagant** : 1) excessif ; 2) dépensier.
7. **of the spirit** : qui ne relève pas de l'ordre matériel.
8. **to brood** : couver.
9. **noble** : à la fois beau et respectable.
10. **to recall** : faire songer à, rappeler, faire souvenir de.
11. **abroad** : à l'étranger.

Il n'avait pas de projet précis. Il désirait simplement s'évader d'une existence qui ne lui ménageait désormais aucune surprise. Ses amis ont dû penser qu'il était fou, et certains ont fait tout leur possible pour le faire changer d'avis. Il mit ses affaires en ordre, organisa son déménagement, et quitta Detroit.

Capri est un rocher abrupt, au profil austère, entouré d'une eau bleu foncé, mais ses vignobles verts et souriants lui confèrent une élégante douceur. C'est une île accueillante, discrète et attirante. Je m'étonne que Mayhew l'ait choisie pour s'y installer, car personne n'est moins sensible à la beauté de la nature. Que venait-il y chercher ? Le bonheur ? La liberté ? Le calme ? J'ignore ce qu'il a pu y trouver. Dans ce lieu si riche de sensualité, il menait une existence vouée à la spiritualité. L'île, en effet, abonde en souvenirs historiques, associés à la figure énigmatique de l'empereur Tibère. De ses fenêtres surplombant la baie de Naples, avec la noble silhouette du Vésuve reflétant les changements de la lumière, Mayhew contemplait d'innombrables lieux, évocateurs de l'Antiquité gréco-romaine. Le passé se mit à le passionner. Son imagination s'enflamma pour ce spectacle, si neuf à ses yeux, lui qui n'avait jusqu'à ce jour jamais voyagé. Son besoin de créer le conduisit à étudier l'histoire et il décida d'écrire. Après avoir longuement réfléchi à un sujet, il finit par se décider pour le deuxième siècle de l'Empire romain. C'est une période peu connue, et dans laquelle on rencontre des problèmes analogues à ceux que connaît l'époque actuelle.

---

12. **stirred the creative imagination :** m. à m. : *l'imagination créatrice se mit en mouvement.*
13. **to decide <u>on</u> :** *décider pour.*

He began to collect books and soon he had an immense library. His legal training [1] had taught him to read quickly. He settled down to [2] work. At first he had been accustomed to foregather [3] in the evening with the painters, writers, and suchlike [4] who met in the little tavern near the Piazza, but presently he withdrew himself, for his absorption in his studies became more pressing [5]. He had been accustomed to bathe in that bland [6] sea and to take long walks among the pleasant vineyards, but little by little, grudging [7] the time, he ceased to do so. He worked harder than he had ever worked in Detroit. He would start [8] at noon and work all through the night till the whistle of the steamer that goes every morning from Capri to Naples told him that it was five o'clock and time to go to bed. His subject opened out [9] before him, vaster and more significant, and he imagined a work that would put him for ever beside the great historians of the past. As the years went by he was to be found seldom [10] in the ways of men. He could be tempted to come out of his house only by a game of chess or the chance of an argument [11]. He loved to set his brain [12] against another's. He was widely read [13] now, not only in history, but in philosophy and science ; and he was a skilful controversialist [14], quick, logical, and incisive. But he had good-humour and kindliness ; though he took a very human pleasure in victory, he did not exult in it to your mortification [15].

---

1. **legal training :** *l'expérience juridique.*
2. **to settle down to something :** *se mettre à quelque chose.*
3. **to foregather with :** *se joindre à une réunion* (a gathering).
4. **suchlike :** *de cette sorte, du même genre.*
5. **pressing :** *astreignant.*
6. **bland :** *inexpressif .*
7. **to grudge :** *refuser ou n'accorder qu'avec réticence.*
8. **would start :** forme fréquentative, évoque une habitude.
9. **to open out :** *se déployer* (comme un livre ouvert).
10. **he was to be found seldom :** *on le trouvait rarement.* Équivalent : "he was seldom found".
11. **the chance of an argument :** *l'éventualité d'une discussion.*

Il entreprit de se procurer des livres et il fut bientôt à la tête d'une énorme bibliothèque. Son activité professionnelle l'avait habitué à lire rapidement. Il se mit au travail. Pendant les premiers temps de son séjour, il lui arrivait fréquemment, le soir, de se mêler aux peintres, aux écrivains et aux intellectuels qui se réunissaient dans la petite taverne au coin de la Piazza. Désormais il cessa de la fréquenter, se consacrant entièrement à son étude. Auparavant, il se baignait volontiers, se promenait longuement parmi les vignobles ; il y renonça peu à peu, au bénéfice de sa nouvelle occupation. Voici qu'il travaillait comme jamais il ne l'avait fait à Detroit. Il se mettait à sa table de travail à midi et y demeurait jour et nuit. Chaque matin, la sirène du vapeur qui relie Naples à Capri lui indiquait qu'il était cinq heures, le moment d'aller dormir. Plus il avançait dans sa recherche et plus il en reculait les limites. Le travail qu'il concevait ferait de lui l'un des plus grands historiens de tous les temps. Les années s'écoulaient, et il donnait de moins en moins signe de vie. C'est tout juste si l'on pouvait l'inciter à sortir de chez lui pour disputer une partie d'échecs ou participer à une discussion. Il se passionnait pour les joutes intellectuelles. Son érudition était devenue énorme, non seulement comme historien, mais aussi dans les domaines philosophique et scientifique. Il argumentait avec finesse, rapidité, acuité, mais aussi gentillesse et générosité. Il savourait ses triomphes sans jamais en faire parade.

---

12. **to set** (ou to pit) **one's brain** (ou brains) **against someone else's** : *chercher une confrontation intellectuelle.*
13. **to be widely read** (participe passé de **to read**) : *avoir beaucoup lu, être très cultivé.* **To read** veut dire également « *étudier* ».
14. **skilful controversialist** : m. à m. : *habile dans une controverse.*
15. **to your mortification** : *jusqu'au point de vous humilier.*

When first he came to the island [1] he was a big, brawny fellow, with thick hair and a black beard, of a powerful physique ; but gradually his skin became pale and waxy [2] ; he grew thin and frail. It was an odd contradiction in the most logical of men that, though a convinced and impetuous materialist, he despised the body ; he looked upon it as a vile instrument which he could force to do the spirit's bidding [3]. Neither illness nor lassitude prevented him from going on with his work. For fourteen years he toiled [4] unremittingly. He made thousands and thousands of notes. He sorted [5] and classified them. He had his subject at his finger ends, and a last was ready to begin. He sat down to [6] write. He died.

The body that he, the materialist, had treated so contumeliously [7] took is revenge on him.

That vast accumulation of knowledge is lost for ever. Vain was that ambition, surely not an ignoble one [8], to set his name beside those of Gibbon and Mommsen [9]. His memory is treasured [10] in the hearts of a few friends, fewer, alas ! as the years pass on, and to the world he is unknown in death as he was in life.

And yet to me his life was a success. The pattern [11] is good and complete. He did what he wanted, and he died when his goal was in sight and never knew the bitterness [12] of an end achieved [13].

---

1. **when first he came to the island** : m. à m. : *quand il arriva sur l'île pour la première fois.*
2. **waxy** : *ciré.* Wax : *la cire.*
3. **to do someone's bidding** (de to bid, bade, bidden) : *se plier à la volonté de quelqu'un.*
4. **to toil** : *peiner, travailler inlassablement.*
5. **to sort** : *trier, classer.*
6. **to sit down to do something** : *se mettre à son bureau pour travailler.*
7. **contumeliously** (mot rare) : *avec mépris, dédain.*
8. **not an ignoble one** : double négation, qui atténue le jugement *(noble).*
9. **Gibbon** : historien anglais (1737-1794), auteur de l'*Histoire de la décadence et de la chute de l'Empire romain.*

Mayhew avait été un robuste gaillard, musclé, noir de poil, imposant physiquement. Son teint était devenu d'une pâleur cireuse ; il avait maigri et paraissait frêle. Par une contradiction étonnante, cet esprit logique, ce matérialiste convaincu et militant en était venu à mépriser son corps. Il le traitait comme une machine servile, aux ordres de son esprit. Ni la fatigue ni la maladie ne parvenaient à l'éloigner de son travail. Il y consacra quatorze ans, accumula des milliers de fiches, qu'il classa et répertoria. Il possédait son sujet sur le bout des doigts. Enfin, le moment de rédiger arriva. Il prit place à sa table de travail et mourut.

Son corps, que ce matérialiste avait traité avec si peu d'égards, avait accompli sa vengeance.

Cet énorme savoir est perdu à jamais. C'est en vain que s'était affirmée son ambition — ambition bien légitime, certes — d'être un jour l'égal de Gibbon ou de Mommsen. Seuls quelques amis, dont le nombre, hélas ! décroît avec les années, se souviennent de lui et, mort, il demeure aussi anonyme qu'il l'avait été pendant sa vie.

Pourtant, je considère que cette vie fut une réussite. Son cours se déroula dans une admirable continuité. Il accomplit ce qu'il désirait accomplir. Il mourut en vue de la Terre promise, et ne goûta jamais l'amertume d'y avoir enfin abordé.

Mommsen : historien allemand (1817-1903), dont l'*Histoire romaine* a renouvelé l'étude de l'Antiquité latine.

10. **to treasure :** *conserver précieusement.*

11. **pattern :** *la ligne générale* (cf. français : le patron d'un modèle de couture).

12. **bitterness :** *amertume.*

13. **to achieve :** *accomplir avec succès, réussir.*

Révisions

1. Il n'était ni impulsif ni émotif.
2. J'ignore ce qu'il y recherchait.
3. Il se mit à la tâche.
4. Il avait une immense culture.
5. Il n'y avait pas moyen de le faire sortir de chez lui.
6. La maison est à vendre ?
7. Il possédait son sujet sur le bout des doigts.
8. Il était avocat.
9. Il faut bien qu'il y ait des gens pour payer des impôts.
10. Ses fenêtres surplombaient la baie.
11. Il n'était jamais allé à l'étranger.
12. A son arrivée dans l'île c'était un robuste gaillard.

1. He was neither an impulsive nor an emotional man.
2. I do not know he sought there.
3. He settled down to work.
4. He was widely read.
5. He could not be tempted to come out of his house.
6. Is the house for sale ?
7. He had his subject at his finger ends.
8. He was a lawyer.
9. Somebody has to pay the taxes.
10. His windows overlooked the bay.
11. He had never been abroad (before).
12. When first he came to the island, he was a big fellow.

The End of the Flight

Le fuyard

The End of the Flight

I shook hands with the skipper and he wished me luck [1]. Then I went down to the lower deck crowded with passengers, Malays, Chinese, and Dyaks, and made my way to [2] the ladder. Looking over the ship's side I saw that my luggage was already in the boat. It was a large, clumsy-looking craft [3], with a great square sail of bamboo matting, and it was crammed full [4] of gesticulating natives. I scrambled in [5] and a place was made for me. We were about three miles from the shore and a stiff breeze [6] was blowing. As we drew near I saw that the coconut trees in a green abundance [7] grew to the water's edge [8], and among them I saw the brown roofs of the village. A Chinese who spoke English pointed out to [9] me a white bungalow as the residence of the District Officer. Though he did not know it, it was with him that I was going to stay. I had a letter of introduction to him in my pocket.

I felt somewhat forlorn [10] when I landed and my bags were set down beside me on the glistening beach. This was a remote spot [11] to find myself in, this little town on the north coast of Borneo, and I felt a trifle shy [12] at the thought of presenting myself to a total stranger with the announcement that I was going to sleep under his roof, eat his food, and drink his whisky, till another boat came in to take me to the port for which I was bound [13].

---

1. **he wished me luck** = good luck : m. à m. : *il me souhaita bonne chance.*
2. **to make one's way to** : *trouver son chemin jusque, se rendre à un endroit.*
3. **clumsy-looking craft** : *une embarcation d'allure maladroite.* **Craft** est un nom générique (cf. **aircraft** : *un avion,* litt. *un aéronef*).
4. **to be crammed full** : *être complétement bondé, plein à craquer.*
5. **to scramble in** : *entrer en se frayant un chemin tant bien que mal.* **Scrambled eggs** : *des œufs brouillés.*
6. **stiff breeze** : *une bonne brise* (stiff : *raide*).
7. **in a green abundance** : m. à m. : *dans une verte abondance.*

Le fuyard

Je serrai la main du capitaine. Il me souhaita bon voyage. Puis je descendis sur le pont inférieur, et, me frayant un passage parmi une foule de Malais, de Chinois et de Dayaks, j'atteignis l'échelle inférieure. Je me penchai par-dessus bord, pour vérifier si l'on avait bien embarqué mes bagages dans la chaloupe. C'était une grosse barque, peu manœuvrable, surmontée d'une grande voile carrée en paille de bambou, et déjà bondée d'indigènes gesticulants. On se serra pour me faire une place. La côte se trouvait à trois miles et il y avait une bonne brise. Comme nous nous en approchions, je pus constater que la plage était bordée de nombreux cocotiers. Les toits du village se détachaient en brun sur fond vert, et un Chinois, qui savait l'anglais, me montra du doigt un bungalow blanc. C'était la demeure du chef de district. Ce dernier ignorait que j'allais loger chez lui. J'avais en poche une lettre de recommandation qui lui était destinée.

Quand je me retrouvai sur le sable luisant, au milieu de mes bagages, je me sentis un peu perdu. Cette bourgade de la côte nord de Bornéo était un lieu peu fréquenté. J'étais vaguement intimidé à la perspective d'aller me présenter à quelqu'un que je n'avais jamais vu de ma vie, pour lui annoncer que j'allais dormir sous son toit, manger à sa table, et boire son whisky, en attendant qu'un autre bateau vienne me conduire au port où je devais me rendre.

---

8. **grew (to grow, grew, grown) to the water's edge :** *poussaient jusqu'au bord de l'eau.*
9. **to point out to :** *montrer du doigt.*
10. **somewhat forlorn :** *quelque peu perdu, esseulé, désorienté.*
11. **remote spot :** *un endroit retiré, un « trou perdu ».*
12. **a trifle shy :** *quelque peu timide, intimidé.*
13. **to be bound for :** *avoir pour destination* (lorsqu'il s'agit d'un voyage maritime).

But I might have spared [1] myself these misgivings [2], for the moment I reached the bungalow and sent in my letter he came out, a sturdy, ruddy, jovial man, of thirty-five perhaps, and greeted me with heartiness. While he held my hand he shouted to a boy to bring drinks and to another to look after my luggage. He cut short [3] my apologies.

"Good God, man, you have no idea how glad I am to see you. Don't think I'm doing anything for you in putting you up [4]. The boot's on the other leg [5]. And stay as long as you damned well like. Stay a year."

I laughed. He put away [6] his day's work, assuring me that he had nothing to do that could not wait till the morrow, and threw himself into a long chair. We talked and drank and talked. When the heat of the day wore off [7] we went for a long tramp [8] in the jungle and came back wet to the skin. A bath and a change were very grateful, and then we dined. I was tired out and though my host was plainly [9] willing to go on talking straight through the night I was obliged to beg [10] him to allow me to go the bed.

"All right, I'll just come along to your room and see everything's all right."

It was a large room with verandas on two sides of it, sparsely [11] furnished, but with a huge bed protected by mosquito netting [12].

"The bed is rather hard. Do you mind ?"

"Not a bit. I shall sleep without rocking [13] tonight."

---

1. **to spare** : épargner, économiser.
2. **misgivings** : des pressentiments, des appréhensions.
3. **to cut (cut, cut) short** : couper court, mettre un terme à.
4. **to put (put, put) someone up** : loger quelqu'un.
5. **the boot's (is) on the other leg** (ou : foot) : m. à m. : la chaussure est sur l'autre jambe (ou : pied) : c'est tout le contraire.
6. **to put away** : mettre de côté.
7. **to wear off** : user, s'user, s'amenuiser.
8. **long tramp** : une longue marche sans but précis. A tramp : un vagabond.
9. **plainly** : clairement, évidemment. To be plain : être franc, explicite.

Mais ces appréhensions étaient sans fondement. À peine avais-je atteint le bungalow et fait porter ma lettre de recommandation qu'un bonhomme rondouillard, leste et jovial, paraissant dans les trente-cinq ans, vint m'accueillir avec chaleur. Tout en me serrant la main, il criait à un boy de préparer à boire, et à un autre boy de s'occuper de mes bagages. Il m'interrompit dans mes excuses :

— Mon cher, vous n'avez pas idée comme je suis content de vous voir. N'allez pas croire que votre venue me dérange. C'est tout le contraire. Et restez ici aussi longtemps que vous voulez, un an si cela vous chante.

J'éclatai de rire. Il abandonna le travail auquel il se livrait avant mon arrivée, en m'assurant qu'il n'avait rien à faire qui ne pût être remis au lendemain. Il s'allongea dans une chaise longue, et nous passâmes l'après-midi à boire et à bavarder. Quand il commença à faire un peu plus frais, nous allâmes faire un tour dans la jungle, d'où nous revînmes couverts de transpiration. Après avoir pris une douche et nous être changés, nous nous sentîmes d'humeur à aller dîner. J'étais recru de fatigue, et si, manifestement, mon hôte était disposé à faire la conversation toute la nuit, je fus obligé de lui demander la permission d'aller me coucher.

— Entendu. Je vais vous accompagner pour voir si vous avez tout ce qu'il vous faut.

C'était une vaste chambre, avec une véranda de chaque côté. Il n'y avait guère de meubles, à part un énorme lit recouvert d'une moustiquaire.

— Le lit est plutôt dur. Cela ne vous dérange pas trop ?

— Pensez-vous ! Je n'aurai pas besoin que l'on me berce, ce soir.

---

10. **to beg :** *implorer, prier.*
11. **sparsely :** *chichement, de façon clairsemée.*
12. **mosquito netting :** *moustiquaire.* **A net :** *un filet.*
13. **to rock :** *bercer.*

My host looked at the bed reflectively [1].

"It was a Dutchman who slept in it last [2]. Do you want to hear a funny story ?"

I wanted chiefly to go to bed, but he *was* my host, and being at times somewhat of a [3] humorist myself I know that it is hard to have an amusing story to tell and find no listener [4].

"He came on the boat that brought you, on its last journey along the coast, he came into my office and asked where the dak bungalow was. I told him there wasn't one, but if he hadn't anywhere to go I didn't mind putting him up. He jumped at the invitation. I told him to have his kit sent along [5].

"This is all I've got," he said.

"He held out a little shiny black grip [6]. It seemed a bit scanty, but it was no business of mine, so I told him to go along to the bungalow and I'd come as soon as I was through with [7] my work. While I was speaking the door of my office was opened and my clerk came in. The Dutchman had his back to the door [8] and it may be that my clerk opened it a bit suddenly. Anyhow, the Dutchman gave a shout, he jumped about two feet into the air and whipped out [9] a revolver.

"What the hell are you doing ?" I said.

"When he saw it was the clerk he collapsed [10]. He leaned against the desk, panting, and upon my word [11] he was shaking as though he'd got fever.

---

1. **reflectively :** *avec un air de réfléchir.*
2. **last :** *pour la dernière fois* (contr. **first**).
3. **somewhat of a** (+ nom) : *quelque peu* (+ adj.).
4. **to find (found, found) no listener :** *ne pas trouver d'auditoire.*
5. **to have his kit sent along :** *faire envoyer son « barda ».*
To have + part. passé = *faire faire.*
6. **little shiny black grip :** m. à m. : *une petite mallette noire brillante.*
7. **to be through with :** *en avoir fini avec.*
8. **his back to the door :** *le dos contre la porte.* Ici, **to** est synonyme de **against.**

188

Mon hôte contemplait le lit d'un air pensif.

— Le dernier à avoir dormi là était un Hollandais. Vous voulez entendre une drôle d'histoire ?

J'avais surtout envie d'aller me coucher. Mais je ne pouvais pas refuser à mon hôte ce plaisir, que je savoure moi-même à mes heures, de raconter une histoire que l'on apprécie, lorsque l'on a la chance d'avoir un auditoire.

— Ce type était arrivé par le bateau que vous avez pris, lors de son précédent voyage. Il vint au bureau me demander où se trouvai la station de relais. Je lui répondis qu'il n'y en avait pas, mais que, si cela lui convenait, il pouvait s'installer ici. Il s'empressa d'accepter, et je lui dis d'aller faire prendre ses bagages.

« — Je n'ai rien d'autre que cela, dit-il en me montrant une petite valise noire.

« C'était peu de chose, en effet, mais cela ne me regardait pas. Je l'envoyai au bungalow en lui disant que j'irais le rejoindre dès que je pourrais. Tandis que je lui parlais, mon secrétaire ouvrit la porte du bureau, plutôt brusquement. Toujours est-il que mon Hollandais, qui avait le dos tourné, se met à pousser un cri, saute de cinquante centimètres et sort un revolver.

« — Qu'est-ce qui vous prend ? lui demandai-je.

« A la vue du secrétaire, le voilà qui s'effondre, s'appuie contre le bureau en haletant, et se met à trembler comme s'il avait la fièvre.

---

9. **to whip out :** *sortir d'un geste rapide.* **A whip :** *un fouet.* **Whipped creal :** *crème fouettée.*
10. **to collapse :** *s'effondrer.*
11. **upon my word :** *ma parole !*

"I beg your pardon," he said. "It's my nerves. My nerves are terrible [1]."

"It looks like it [2]," I said.

"I was rather short [3] with him. To tell you the truth I wished I hadn't asked him to stop [4] with me. He didn't look as though he'd been drinking a lot and I wondered if he was some fellow the police were after [5]. If he were, I said to myself, he could hardly be such a fool as to walk into the lion's den [6].

"You'd better [7] go and lie down," I said.

"He took himself off [8], and when I got back to my bungalow I found him sitting quite quietly, but bolt upright [9], on the veranda. He'd had a bath and shaved and put on clean things and he looked fairly presentable.

"Why are you sitting in the middle of the place [10] like that ?" I asked him. "You'll be much more comfortable in one of the long chairs."

"I prefer to sit up [11]," he said.

"Queer, I thought. But if a man in this heat would rather sit up than lie down it's his own lookout [12]. He wasn't much to look at [13], tallish and heavily built, with a square head and close-cropped [14] bristly hair. I should think he was about forty. The thing that chiefly struck me about him was his expression. There was a look in his eyes, blue eyes they were [15] and rather small, that beat me altogether ; and his face sagged as it were [16] ; it gave you the feeling he was going to cry. He had a way of [17] looking quickly over his left shoulder as though he thought he heard something.

---

1. **terrible** : *dans un état épouvantable.* I **feel terrible** : *je ne me sens vraiment pas bien.*

2. **it looks like it** : *cela se voit, ça en à l'air.*

3. **rather short** : m. à m. : *plutôt court.* C'est-à-dire *plutôt sec.*

4. **to stop** : a quelquefois le sens de "to stay".

5. **to be after someone** : *être à la recherche ou à la poursuite de qqn.*

6. **the lion's den** : *l'antre du lion.*

7. **you'd** (= had) **better** + infinitif sans **to** : *tu ferais mieux de* + infinitif.

« — Excusez-moi, dit-il, ce sont mes nerfs. J'ai les nerfs malades.

« — Cela se voit.

« J'ai été un peu sec à son égard, et je commençais à regretter de l'avoir invité chez moi. Il n'avait pas l'air d'avoir trop bu, et je me demandais s'il n'avait pas la police aux trousses. Mais, en ce cas, pourquoi serait-il allé se fourrer dans la gueule du loup ?

« — Vous feriez mieux d'aller vous reposer, dis-je.

« Il partit, et à mon retour au bungalow, je le trouvai assis sur la véranda, tranquille, mais raide comme un manche à balai. Il s'était lavé, rasé, changé, et il avait une allure plus présentable.

« Je lui demande : "Mais pourquoi donc restez-vous ainsi au milieu de la véranda ? Vous seriez bien mieux dans une chaise longue."

« Il me répond : "Je préfère une chaise."

« Je trouve ça bizarre. Mais ça le regarde. Il n'avait pas très grande allure : plutôt grand, massif, un visage carré, et d'épais cheveux en brosse. Il avait dans les quarante ans. Mais quelle expression ! Il avait des yeux très bleus, assez petits, dont le regard me troublait de façon indéfinissable. Et son visage semblait tout mou, comme s'il allait se mettre à pleurer. Il regardait tout le temps par-dessus son épaule gauche, comme s'il avait entendu un bruit.

---

8. **to take oneself off :** m. à m. : *s'enlever soi-même,* donc *se retirer, s'éclipser.*

9. **bolt upright :** *tout raide, tout droit.*

10. **in the middle of the place :** m. à m. : *au milieu de l'endroit.*

11. **to sit up :** *être assis bien droit.* A un enfant à table : sit up = *tiens-toi droit.*

12. **his own lookout :** *ce qui le regarde, son affaire, son « problème ».*

13. **not to be much to look at :** m. à m. : *n'être pas grand-chose à regarder,* donc : *avoir piètre mine.*

14. **close-cropped :** *coupé court, en brosse.*

15. **blue eyes they were :** l'inversion suggère l'effort de réminiscence *(oui, c'est bien cela).*

16. **as it were :** *en quelque sorte, pour ainsi dire.*

17. **to have a way of** + nom verbal : *avoir une façon de* + infinitif.

By God, he was nervous. But we had a couple [1] of drinks and he began to talk. He spoke English very well ; except for a slight accent you'd never have known [2] that he was a foreigner, and I'm bound to [3] admit he was a good talker. He'd been everywhere and he'd read any amount [4]. It was a treat [5] to listen to him.

"We had three of four whiskies in the afternoon and a lot of gin pahits later on, so that when dinner came along we were by way of being [6] rather hilarious and I'd come to the conclusion that he was a damned good fellow. Of course we had a lot of whisky at dinner and I happened to [7] have a bottle of Benedictine, so we had some liqueurs afterwards. I can't help thinking [8] we both got very tight [9].

"And at last he told me why he'd come. It was a rum story [10]."

My host stopped and looked at me with his mouth slightly open as though, remembering it now [11], he was struck again with its rumness.

"He came from Sumatra, the Dutchman, and he'd done something to an Achinese and the Achinese had sworn to kill him. At first he made light of it [12], but the fellow tried two or three times and it began to be rather a nuisance [13], so he thought he'd better go away for a bit. He went over to Batavia and made up his mind to have a good time. But when he'd been there a week he saw the fellow slinking [14] along a wall.

---

1. **a couple** : *une paire.*
2. **you'd** (would) **never have known** : *on n'aurait jamais cru, on ne se serait jamais aperçu.*
3. **to be bound to** : *être obligé de, être bien forcé de.*
4. **any amount** : *une énorme quantité* (impossible à dénombrer).
5. **a treat** : *un régal.*
6. **by way of being** : *en route pour être, en train de devenir.*
7. **to happen to** : analogue à la tournure « *se trouver que* », *par accident, par hasard.*
8. **I can't** (cannot) **help** + nom verbal : *je ne puis m'empêcher de* + infinitif.
9. **tight** : 1) *serré ;* 2) *ivre.*

Je n'ai jamais vu personne d'aussi nerveux. Mais nous avons pris deux verres et il a commencé à parler. Son anglais était excellent. A part un léger accent, on ne l'aurait pas pris pour un étranger. Et je dois dire qu'il avait une conversation intéressante. Il avait beaucoup voyagé, beaucoup lu, et l'on avait du plaisir à l'écouter.

« Dans l'après-midi nous bûmes trois ou quatre verres de whisky, plus tard un certain nombre de gin pahit. A l'heure du dîner nous étions très gais, et je l'avais complètement adopté. Nous bûmes force whiskies, et comme j'avais alors une bouteille de Bénédictine, il y eut encore des liqueurs. J'ai l'impression que nous étions complètement ronds.

« Il finit par me dire pourquoi il était là. Drôle d'histoire !

Mon hôte s'arrêta brusquement, et il me regarda, la bouche légèrement entrouverte, comme si, à la réflexion, la bizarrerie de son histoire l'impressionnait de nouveau.

— Ce Hollandais venait de Sumatra. Je ne sais plus ce qu'il avait fait à un indigène, mais l'indigène avait juré de le tuer. Au début, il n'avait pas pris l'affaire au sérieux, mais le type avait fait deux ou trois tentatives, de sorte que le Hollandais avait résolu de prendre le large pour un bout de temps. Il était allé à Batavia, bien décidé à se distraire. Il y était depuis une semaine, quand il aperçoit son homme qui rasait les murs derrière lui.

---

10. **a rum story :** *une histoire invraisemblable, peu banale.*
11. **remembering it now :** m. à m. : *s'en souvenant maintenant.*
12. **to make light of :** *prendre à la légère.*
13. **to be a nuisance :** *être « embêtant », insupportable.*
14. **to slink (slunk, slunk) :** *se glisser furtivement.*

By God, he'd followed him. It looked as though he meant [1] business. The Dutchman began to think it was getting beyond a joke [2] and he thought the best thing he could do would be to skip off to [3] Soerabaya. Well, he was strolling about there one day, you know how crowded the streets are, when he happened to turn round [4] and saw the Achinese walking quite quietly just behind him. It gave him a turn [5]. It would give anyone a turn.

"The Dutchman went straight back to his hotel, packed his things, and took the next boat to Singapore. Of course he put up at the Van Wyck, all the Dutch stay there, and one day when he was having a drink in the courtyard in front of the hotel, the Achinese walked in as bold as brass [6], looked at him for a minute, and walked out again. The Dutchman told me he was just paralysed. The fellow could have stuck his kris into him there and then [7] and he wouldn't have been able to move a hand to defend himself. The Dutchman knew he was just biding his time [8], that damned native was going to kill him, he saw it in his eyes ; and he went all to pieces."

"But why didn't he go to the police ?" I asked.

"I don't know. I expect it wasn't a thing he wanted the police to be mixed up in [9]."

"But what had he done to the man ?"

"I don't know that either [10]. He wouldn't tell me. But by the look he gave when I asked him, I expect it was something pretty rotten [11].

---

1. **to mean (meant, meant) business :** *être déterminé, prêt à l'action.* Ici, sous-entendu, « *prêt à lui faire son affaire* ».
2. **beyond a joke :** m. à m. : *au-delà d'une plaisanterie* (c'est-à-dire *à prendre vraiment au sérieux*).
3. **to skip off to :** *filer en douce.*
4. **he happened to turn round** (voir *supra*) : *par hasard il se retourna.*
5. **to give someone a turn :** m. à m. : *donner un tour à quelqu'un (lui causer une émotion forte).*
6. **as bold as brass :** m. à m. : *aussi hardiment que du cuivre (insolemment).*
7. **there and then :** *sur-le-champ* (cf. latin *hic et nunc*).

Pour le suivre, bon sang, il l'avait suivi. L'affaire devenait sérieuse. Ce n'était plus une plaisanterie, et le Hollandais décida que la meilleure chose à faire était de filer à Sourabaya. Un jour qu'il se baladait — vous savez quelle foule il y a dans les rues de cette ville —, voilà que, à un coin de rue, il aperçoit l'indigène sur ses pas. Il faillit en avoir une attaque, et on le comprend.

« Le Hollandais regagna son hôtel immédiatement, fit sa valise, et prit le premier bateau pour Singapour. Bien entendu, il descendit au Van Wyck, comme tous les Hollandais, et un jour qu'il prenait un verre dans le jardin devant l'hôtel, l'indigène entra comme chez lui, regarda le Hollandais, et ressortit. Ce dernier en fut littéralement paralysé. Si son poursuivant avait voulu le poignarder à ce moment-là, il eût été incapable de lever le petit doigt pour se défendre. Le Hollandais savait qu'il attendait son heure, cela se lisait dans son regard ; et il en était malade.

— Mais pourquoi n'est-il pas allé se plaindre à la police ?

— Je ne sais pas. Il ne tenait peut-être pas à voir la police se mêler de son affaire.

— Mais qu'avait-il fait à l'indigène ?

— Je l'ignore également. Il a refusé de me le dire. Mais quand je lui ai posé la question, il m'a lancé un regard qui en disait long, et j'imagine que ce ne devait pas être très joli.

---

8. **to bide (bade, bidden) one's time :** *attendre son heure, choisir son moment.*
9. **to be mixed up in :** *être mêlé à.*
10. **not either :** *non plus.*
11. **pretty rotten :** *assez moche, assez sordide.*

I have an idea he knew he deserved whatever [1] the Achinese could do."

My host lit a cigarette.

"Go on," I said.

"The skipper of the boat that runs between Singapore and Kuching lives at the Van Wyck between trips and the boat was starting at dawn. The Dutchman thought it a grand chance [2] to give the fellow the slip [3]; he left his luggage at the hotel and walked down to the ship with the skipper, as if he were just going to see him off [4], and stayed on her [5] when she sailed. His nerves were all anyhow [6] by then. He didn't care about anything but getting rid of the Achinese. He felt pretty safe [7] at Kuching. He got a room at the rest-house and bought himself a couple of [8] suits and some shirts in the Chinese shops. But he told me he couldn't sleep. He dreamt of that man and half a dozen times he awakened just as he thought a kris was being drawn across [9] his throat. By God, I felt quite sorry for him. He just shook as he talked to me and his voice was hoarse [10] with terror. That was the meaning [11] of the look I had noticed. You remember, I told you he had a funny look on his face and I couldn't tell [12] what it meant. Well, it was fear.

"And one day when he was in the club at Kuching he looked out of the window and saw the Achinese sitting there. Their eyes met. The Dutchman just crumpled up [13] and fainted.

---

1. **he deserved whatever** : *il méritait tout ce que.*
2. **a grand chance** : *une superbe occasion.*
3. **to give someone the slip** : *s'esquiver, fausser compagnie à quelqu'un.*
4. **to see someone <u>off</u>** : *accompagner quelqu'un à son départ.*
5. **on her** : *au féminin car il s'agit d'un navire.*
6. **all anyhow** : *tout en désordre, n'importe comment.*
7. **to feel (felt, felt) pretty safe** : *se sentir relativement en sécurité.*
8. **a couple of** : *emploi préférable à* "two" *s'il s'agit d'objets envisagés en tant qu'ensemble.*
9. **to draw (drew, drawn) <u>across</u>** : *tirer de part en part.*
10. **hoarse** : *enroué, rauque.*

J'ai l'impression que l'indigène avait de bonnes raisons de vouloir se venger.

Mon hôte alluma une cigarette.

— Et alors ?

— Le capitaine du bateau qui fait la navette entre Singapour et Kuching séjourne au Van Wyck pendant les escales à Singapour. Son bateau devait partir le lendemain à l'aube. Le Hollandais a pensé qu'il avait ainsi l'occasion de semer son poursuivant. Abandonnant ses bagages à l'hôtel, il se rendit à bord avec le capitaine, comme s'il allait simplement le voir partir. Mais il resta à bord. Il était alors complètement détraqué nerveusement. Il n'avait plus qu'une seule idée en tête, se débarrasser de l'indigène. A Kuching il commença à se sentir en sécurité. Il y loua une chambre, à la station de relais, et fit l'acquisition de deux costumes et de quelques chemises dans les boutiques chinoises. Mais il ne pouvait pas dormir. Il voyait son homme en rêve et il se réveillait sans arrêt, croyant qu'un *kriss* lui tranchait la gorge. Il y avait vraiment de quoi le plaindre. Quand il me parlait, la peur l'étranglait littéralement. C'est pourquoi il avait cette mine, qui m'avait d'abord tellement surpris. Il était terrorisé.

« Un beau jour, se trouvant au club à Kuching, voici qu'il vit l'indigène par la fenêtre de la salle. Leurs regards se croisèrent, et le Hollandais s'évanouit.

---

11. **meaning :** *signification, sens.*
12. **to tell (told, told) :** 1) *dire, conter (un conte :* a tale) ; 2) *réciter :* 3) *dénombrer ;* 4) *distinguer* (c'est le sens ici).
13. **to crumple up :** *se chiffonner, se ratatiner.*

When he came to [1], his first idea was to get out. Well, you know, there's not a hell of a lot of [2] traffic at Kuching and this boat that brought you was the only one that gave him a chance to get away quickly. He got on her. He was positive [3] the man was not on board."

"But what made him come here ?"

"Well, the old tramp stops at a dozen places on the coast and the Achinese couldn't possibly guess he'd chosen this one because he only made up his mind [4] to get off when he saw there was only one boat to take the passengers ashore, and there weren't more than a dozen people in it.

"I'm safe here for a bit [5] at all events," he said, "and if I can only [6] be quiet for a while I shall get my nerve back [7]."

"Stay as long as you like," I said. "You're all right [8] here, at all events till the boat comes along next month, and if you like we'll watch [9] the people who come off."

"He was all over me [10]. I could see what a relief it was to him.

"It was pretty late and I suggested to him that we should turn in [11]. I took him to his room to see that it was all right. He locked the door of the bath-house [12] and bolted [13] the shutters, though I told him there was no risk, and when I left him I heard him lock the door I had just gone out of.

---

1. **to come (came, came) to** (intransitif) : *revenir à soi, reprendre ses esprits.*
2. **not a hell of a lot of** : *une « sacrée » quantité de* (hell : *l'enfer*).
3. **to be positive** : m. à m. : *être affirmatif.*
4. **to make up one's mind** : *se décider.*
5. **for a bit** : *pour un bout* (de temps). Syn. : **for a while.**
6. **if I can only** : *si seulement je peux, pourvu que je puisse.*
7. **to get one's nerve back** : *se calmer, se reprendre, redevenir maître de soi.*
8. **to be all right** : *être en sécurité, n'avoir rien à craindre.*
9. **to watch** : *surveiller, observer, être sur ses gardes.*
10. **to be all over someone** : *faire fête à quelqu'un, lui manifester sa joie.*

Quand il revint à lui, il n'eut plus qu'une seule idée : partir. Mais, comme vous le savez, il n'y a pas énormément de trafic à Kuching, et le seul bateau qu'il pouvait emprunter rapidement est précisément celui sur lequel vous êtes venu. Il le prit. Il était sûr que l'indigène ne serait pas à bord.

— Mais pourquoi est-il venu ici ?

— Eh bien, le vieux caboteur s'arrête à une douzaine d'escales le long de la côte. L'indigène ne pouvait absolument pas deviner laquelle il choisirait. Il se décida pour cette escale-ci, quand il vit qu'il n'y avait qu'une seule chaloupe pour débarquer les passagers, et que ces derniers étaient très peu nombreux.

« — Ici, me dit-il, je serai tranquille pour un temps, et j'espère que cela me permettra de me calmer les nerfs.

« — Restez aussi longtemps qu'il vous plaira, lui dis-je. Ici vous ne craignez rien, en tout cas jusqu'à l'arrivée du bateau le mois prochain. Et, si vous le désirez, nous irons voir débarquer les passagers.

« Il était tout ragaillardi, et il se répandit en remerciements et en effusions.

« Comme il se faisait tard, je suggérai d'aller nous coucher. Je l'accompagnai à sa chambre et je vérifiai qu'il avait tout le nécessaire. Il ferma sa salle de douche à clé, bloqua les persiennes, bien que je lui eusse affirmé qu'il ne courait aucun danger. Il ferma la porte à clé dès que j'eus tourné les talons.

---

11. **to turn in** = to go in.
12. **bath-house** : *salle d'eau, salle de douche (salle de bains :* **bathroom***)*.
13. **to bolt** : *verrouiller.* **A bolt** : *un verrou.* **A lock** : *un cadenas.*

"Next morning when the boy brought me my tea I asked him if he'd called the Dutchman. He said he was just going to [1]. I heard him knock and knock again [2]. Funny, I thought. The boy hammered [3] on the door, but there was no answer. I felt a little nervous, so I got up. I knocked too. We made enough noise to rouse [4] the dead, but the Dutchman slept on. Then I broke down the door. The mosquito curtains were neatly tucked [5] in round the bed. I pulled them apart. He was lying there on his back with his eyes wide open. He was as dead as mutton [6]. A kris lay across his throat, and say I'm a liar if you like, but I swear to God it's true, there wasn't a wound about him [7] anywhere. The room was empty.

"Funny, wasn't it ?"

"Well, that all depends on your idea of humour [8]," I replied.

My host looked at me quickly.

"You don't mind sleeping in that bed, do you ?"

"N-no. But I'd just as soon [9] you'd told me the story tomorrow morning."

---

1. **going to :** sous-entendu "call the Dutchman".
2. **to knock and knock again :** m. à m. : frapper et frapper (à coups redoublés).
3. **to hammer :** marteler. A hammer : un marteau. A sledge hammer : un marteau-pilon. A pneumatic (pr. niu:'matik) drill : un marteau piqueur.
4. **to rouse** = to cause to rise : faire se dresser, se lever.
5. **neatly tucked** in : soigneusement, proprement bordé (dans son lit).
6. **as dead as mutton :** raide mort ("mutton" désignant précisément la viande du mouton mort).
7. **about him :** sur lui, à un endroit quelconque de son corps.
8. **your idea of humour :** m. à m. : votre idée, l'idée que l'on a de l'humour.
9. **I'd (I had) just as soon** = I would rather : je préférerais ou j'aurais préféré.

« Le lendemain matin, quand le boy m'apporta mon thé, je lui demandai s'il s'était occupé du Hollandais. Il me répondit qu'il allait le faire. Je l'entendis frapper à la porte à plusieurs reprises. Bizarre. Le boy tapait du poing sur la porte : toujours pas de réponse. Un peu inquiet, je me levai pour aller y voir à mon tour. Je tapai contre la porte. Notre vacarme eût réveillé un mort, mais le Hollandais ne bronchait pas. Alors, j'ai enfoncé la porte. La moustiquaire était soigneusement disposée autour du lit. J'en écartai les plis. Il reposait sur le dos, les yeux grands ouverts, raide mort. Il avait un *kriss* posé sur la gorge, et, vous allez peut-être me prendre pour un menteur, mais, parole d'honneur, il n'avait pas la moindre égratignure. La pièce était déserte.

« Curieuse histoire, n'est-ce pas ?

— Cela dépend du point de vue auquel on se place.

Mon hôte me jeta un bref regard.

— Vraiment, cela ne vous fait rien de dormir ici ?

— N... Non. Mais, enfin, vous auriez peut-être pu attendre demain matin pour me raconter cette histoire.

Révisions

1. Il y avait une bonne petite brise.
2. En débarquant je me trouvai un peu dépaysé.
3. J'aurais pu m'épargner ces appréhensions.
4. Il était clair que mon hôte était disposé à poursuivre l'entretien.
5. Ce soir on n'aura pas besoin de me bercer.
6. Vous feriez mieux d'aller vous étendre.
7. Je dois reconnaître qu'il avait de la conversation.
8. C'était un régal de l'écouter.
9. Je ne peux pas m'empêcher de penser que nous étions ivres tous les deux.
10. Il prit la chose à la légère.
11. Restez aussi longtemps qu'il vous plaira.
12. Cela ne me regardait pas.

1. A stiff breeze was blowing.
2. I felt somewhat forlorn when I landed.
3. I might have spared myself these misgivings.
4. My host was plainly willing to go on talking.
5. I shall sleep without rocking tonight.
6. You'd better go and lie down.
7. I'm bound to admit he was a good talker.
8. It was a treat to listen to him.
9. I can't help thinking we both got very tight.
10. He made light of it.
11. Stay as long as you like.
12. It was no business of mine.

ENREGISTREMENT SONORE

• Vous trouverez dans les pages suivantes le texte des extraits enregistrés sur la cassette accompagnant ce volume.

• Chaque extrait est suivi d'un certain nombre de questions, destinées à tester votre compréhension.

• Les réponses à ces questions apparaissent à la suite.

Vous tirerez le meilleur profit de cette dernière partie en utilisant la cassette de la façon suivante.

1) *Essayez de répondre* aux questions sans vous référer au texte écrit.

2) *Vérifiez votre compréhension* de l'extrait et des questions de la cassette à l'aide du livre.

3) *Refaites* l'exercice jusqu'à ce que vous ne soyez plus tributaire du texte écrit.

FRENCH JOE

Extrait n° 1, p. 14-16 :

I waited a little longer, and the door was opened by a woman in a red flannel dressing-gown. Her hair was hanging over her shoulders in long black wisps. In her hand she held a paraffin lamp. She greeted me warmly, a little stoutish woman, with keen eyes and a nose suspiciously red, and bade me come in. She took me upstairs and showed me a room.

"Now you sit down," she said, "and I'll make up the bed before you can say Jack Robinson. What will you 'ave ? A drop of whisky would do you good, I should think. You won't want to be washing at this time of night, I'll bring you a towel in the morning."

And while she made the bed she asked me who I was and what I had come to Thursday Island for. She could see I wasn't a sea-faring man — all the pilots came to this hotel and had done for twenty years — and she didn't know what business could have brought me. I wasn't that fellow as was coming to inspect the Customs was I ? She'd 'eard they were sending someone from Sydney. I asked her if there were any pilots staying there then. Yes, there was one, Captain Bartlett, did I know him ? A queer fish he was and no mistake. Hadn't got a hair on his head, but the way he could put his liquor away, well, it was a caution. There, the bed was ready and she expected I'd sleep like a top and one thing she could say was, the sheets were clean. She lit the end of a candle and bade me good night.

• Questions

1. *How was the woman dressed ?*
2. *What did she hold ?*
3. *How did she greet her visitor ?*
4. *What drink did she offer him ?*
5. *What did she want to know ?*
6. *Who came to her hotel ?*
7. *What did she do before saying good night ?*

• Corrigé

1. She wore a red flannel dressing-gown.
2. She held a paraffin lamp.
3. She greeted him warmly.
4. She offered him some whisky.
5. She wanted to know who he was and what his business was.
6. Pilots stayed at the hotel.
7. She lit the end of a candle.

Extrait n° 2, p. 16-18 :

For the last two years, not because he was ill but because he was old and destitute, he had lived in the hospital and it was here that I visited him. He was lying in bed, in flannel pyjamas much too large for him, a little shrivelled old man with vivacious eyes, a short white beard, and bushy black eyebrows. He was glad to speak French with me, which he spoke with the marked accent of his native isle, for he was a Corsican, but he had dwelt so many years among English-speaking people that he no longer spoke his mother tongue with accuracy. He used English words as though they were French, making verbs of them with French terminations. He talked very quickly, with broad gestures, and his voice for the most part was clear and strong ; but now and then it seemed suddenly to fade away so that it sounded as though he spoke from the grave. The hushed and hollow sound gave me an eerie feeling. Indeed I could not look upon him still as of this world. His real name was Joseph de Paoli. He was a nobleman and a gentleman. He was of the same family as the general we have all read of in Boswell's Johnson, but he showed no interest in his famous ancestor.

• Questions

1. *Where was Joe lying ?*
2. *What did he look like ?*
3. *How did he speak French ?*
4. *What gave his visitor an eerie feeling ?*
5. *Who were his ancestors ?*

- **Corrigé**

1. He lay in his hospital bed.
2. He was a shrivelled old man with vivacious eyes.
3. No longer with accuracy and with a Corsican accent.
4. The hushed and hollow sound of his voice.
5. They were the famous Paoli family.

GERMAN HARRY

Extrait, p. 34 :

There is no opening in the reef and the lugger had to anchor a mile from the shore. We got into a dinghy with the provisions. It was a stiff pull and even within the reef the sea was choppy. I saw the little hut, sheltered by trees, in which German Harry lived, and as we approached he sauntered down slowly to the water's edge. We shouted a greeting, but he did not answer. He was a man of over seventy, very bald, hatchet-faced, with a grey beard, and he walked with a roll so that you could never have taken him for anything but a sea-faring man. His sunburn made his blue eyes look very pale and they were surrounded by wrinkles as though for long years he had spent interminable hours scanning the vacant sea. He wore dungarees and a singlet, patched, but neat and clean. The house to which he presently led us consisted of a single room with a roof of corrugated iron. There was a bed in it, some rough stools which he himself had made, a table, and his various household utensils. Under a tree in front of it was a table and a bench. Behind was an enclosed run for his chickens.

- **Questions**

1. *Where did the lugger anchor ?*
2. *Why ?*
3. *Where did Harry live ?*
4. *Did he welcome his visitors ?*
5. *How did he walk ?*
6. *What did he wear ?*
7. *What did the house consist of ?*

8. What was the roof made of ?
9. How was the hut furnished ?
10. Where was the table ?
11. Where did he keep his chickens ?

● **Corrigé**

1. A mile from the shore.
2. Because there is no opening in the reef.
3. In a hut sheltered by trees.
4. No, he did not answer.
5. With a roll, like a sea-faring man.
6. Dungarees and a singlet.
7. Just a single room.
8. Corrugated iron.
9. A bed, some stools, a table and various ustensils.
10. Under a tree.
11. Behind in an enclosed run.

THE FOUR DUTCHMEN

Extrait n° 1, p. 42-44 :

The Van Dorth Hotel at Singapore was far from grand. The bedrooms were dingy and the mosquito nets patched and darned ; the bath-houses, all in a row and detached from the bedrooms, were dank and smelly. But it had character. The people who stayed there, masters of tramps whose round ended at Singapore, mining engineers out of a job, and planters taking a holiday, to my mind bore a more romantic air than the smart folk, globetrotters, government officials and their wives, wealthy merchants, who gave luncheon-parties at the Europe and played golf and danced and were fashionable. The Van Dorth had a billiard-room, with a table with a threadbare cloth, where ships' engineers and clerks in insurance offices played snooker. The dining-room was large and bare and silent. Dutch families on the way to Sumatra ate solidly through their dinner without exchanging a word with one another, and single gentlemen on a business trip from Batavia devoured a copious meal while they intently read their paper. On two days a week there was rijstafel and then a few residents of Singapore who had a fancy for this dish came for tiffin. The Van Dorth Hotel should have been a depressing place, but somehow it wasn't ; its quaintness saved it. It had a faint aroma of something strange and half-forgotten. There was a scrap of garden facing the street where you could sit in the shade of trees and drink cold beer. In that crowded and busy city, though motors whizzed past and rickshaws passed continuously, the coolies' feet pattering on the road and their bells ringing, it had the remote peacefulness of a corner of Holland.

• Questions

1. How were the mosquito nets ?
2. Was the hotel unpleasant ?
3. Who stayed there ?
4. Where did the smart folk stay ?
5. Who played snooker ?
6. Who came from Batavia ?
7. How often was rijstafel served ?
8. Was there a large garden ?
9. What kind of city is Singapore ?
10. How could one tell the coolies ?

• Corrigé

1. They were patched and darned.
2. No, it had character.
3. Masters of tramps, minig engineers, planters and Dutch families.
4. They stayed at the Europe.
5. Ships'engineers and clerks in insurance offices.
6. Single gentlemen on a business trip.
7. Two days a week.
8. No, only a scrap of garden.
9. A crowded and busy city.
10. By the pattering of their feet and the ringing of their bells.

I read the paragraph carelessly and then I sat up. The *Utrecht* was the ship of my four fat Dutchmen and apparently the supercargo and the chief engineer had been on trial for murder. It couldn't be my two fat friends. The names were given, but the names meant nothing to me. The trial had taken place in Batavia. No details were given in this paragraph ; it was only a brief announcement that after the judges had considered the speeches of the prosecution and of the defence their verdict was as stated. I was astounded. It was incredible that the men I knew could have committed a murder. I could not find out who had been murdered. I looked through back numbers of the paper. Nothing.

I got up and went to the manager of the hotel, a genial Dutchman, who spoke admirable English, and showed him the paragraph.

"That's the ship I sailed on. I was in her for nearly a month. Surely these fellows aren't the men I knew. The men I knew were enormously fat."

"Yes, that's right," he answered. "They were celebrated all through the Dutch East Indies, the four fattest men in the service. It's been a terrible thing. It made a great sensation. And they were friends. I knew them all. The best fellows in the world."

"But what happened ?"

He told me the story and answered my horrified questions. But there were things I wanted to know that he couldn't tell me. It was all confused. It was unbelievable. What actually had happened was only conjecture. Then someone claimed the manager's attention and I went back to the garden. It was getting hot now and I went up to my room. I was strangely shattered.

• **Questions**

1. *What ship was the* Utrecht *?*
2. *Who had been on trial ?*
3. *What was the charge ?*
4. *Who was the hotel manager ?*

5. How long was the narrator on the ship ?
6. How were the four Dutchmen known ?
7. What was the narrator's reaction ?

• **Corrigé**

1. It was the ship of the Four Dutchmen.
2. The Dutchmen had been on trial.
3. They were charged with murder.
4. He was a genial Dutchman.
5. Nearly a month.
6. As the four fattest men in the service.
7. He was horrified and shattered.

THE BACK OF BEYOND

Extrait n° 1, p. 74-76 :

He sat down once more in his chair and looked
with his cold eyes at the door through which in a
moment the visitor would come. It was Tom Saffary,
and he wondered what he wanted. Presumably something to do with the festivity that night. It had amused
him to hear that Tom Saffary was the head of the
committee that had organized it, for their relations
during the last year had been far from cordial. Saffary
was a planter and one of his Tamil overseers had
lodged a complaint against him for assault. The Tamil
had been grossly insolent to him and Saffary had
given him a thrashing. George Moon realized that
the provocation was great, but he had always set his
face against the planters taking the law in their own
hands, and when the case was tried he sentenced
Saffary to a fine. But when the court rose, to show
that there was no ill-feeling he asked Saffary to
luncheon : Saffary, resentful of what he thought an
unmerited affront, curtly refused and since then had
declined to have any social relations with the Resident.
He answered when George Moon, casually, but resolved not to be affronted, spoke to him ; but would
play neither bridge nor tennis with him. He was
manager of the largest rubber estate in the district,

and George Moon asked himself sardonically whether he had arranged the dinner and collected subscriptions for the presentation because he thought his dignity required it or whether, now that his Resident was leaving, it appealed to his sentimentality to make a noble gesture.

• Questions

1. How did Moon look at the door ?
2. Did Moon know why Tom had come ?
3. On what terms were Moon and Saffary ?
4. What had the overseer done against Saffary ?
5. What had Saffary done to the Tamil ?
6. How did Moon deal with Saffary ?
7. What did he do after the trial ?
8. What estate did Saffary manage ?
9. Why had Saffary arranged the dinner ?

• Corrigé

1. With his cold eyes.
2. No ; he wondered what he wanted.
3. Their relations had been far from cordial.
4. He had lodged a complaint against him.
5. Saffary had given the Tamil a thrashing.
6. He sentenced him to a fine.
7. He asked him to luncheon.
8. The largest rubber estate in the district.
9. Either because his dignity required it, or because it appealed to his sentimentality.

Extrait n° 2, p. 84-86-88 :

"I say, have you heard ? Poor Knobby Clarke's dead."
"No ? I say, how awful !"
"Rotten luck, isn't it ?"
"Rotten."
"Damned good sort."
"One of the best."
"It gave me quite a turn when I saw it in the paper just by chance."
"I don't wonder."

One man with the paper in his hand went into the billiard-room to break the news. They were playing off the handicap for the Prince of Wales's Cup. That august personage had presented it to the club on the occasion of his visit to Timbang Belud. Tom Saffary was playing against a man called Douglas, and the Resident, who had been beaten in the previous round, was seated with about a dozen others watching the game. The marker was monotonously calling out the score. The newcomer waited for Saffary to finish his break and then called out to him.

"I say, Tom, Knobby's dead."

"Knobby ? It's not true."

The other handed him the paper. Three or four gathered round to read with him.

"Good God !"

There was a moment's awed silence. The paper was passed from hand to hand. It was odd that none seemed willing to believe till he saw it for himself in black and white.

"Oh, I am sorry."

"I say, it's awful for his wife," said Tom Saffary. "She was going to have a baby. My poor missus'll be upset."

"Why, it's only a fortnight since he left here."

"He was all right then."

"In the pink."

Saffary, his fat red sagging a little, went over to a table and, seizing his glass, drank deeply.

"Look here, Tom," said his opponent, "would you like to call the game off ?"

"Can't very well do that." Saffary's eye sought the score board and he saw that he was ahead. "No, let's finish. Then I'll go home and break it to Violet."

- **Questions**

  1. *What news was there to hear ?*
  2. *How was Knobby considered ?*
  3. *Who went into the billiard-room ?*
  4. *What had the Prince of Wales done for the club ?*
  5. *Who was Douglas ?*
  6. *What was the marker doing ?*
  7. *Why did the men gather round the newcomer ?*

8. *What does Saffary know about Knobby's wife ?*
9. *How long had Knobby been away ?*
10. *Was he in good health then ?*
11. *What did Douglas suggest ?*
12. *What did Saffary notice on the score board ?*

● **Corrigé**

1. That Poor Knobby Clarke was dead.
2. He was a good sort, one of the best.
3. A man with the paper in his hand.
4. He had presented them with a Cup.
5. He was Saffary's opponent.
6. He was calling out the score.
7. To read the paper with Saffary.
8. She is going to have a baby.
9. A fortnight.
10. Yes, he was in the pink.
11. That they called the game off.
12. He saw that he was ahead of Douglas.

Extrait n° 3, p. 110-112 :

"I can't quite make out why you should have been so frightfully upset by the news of his death."

"It was an awful shock."

"Of course. But it seems very strange that anyone should go simply to pieces over the death of a friend."

"I don't understand what you mean," she said.

She could hardly speak the words and he saw that her lips were trembling.

"I've never heard you call him Hal. Even his wife called him Knobby."

She did not say anything. Her eyes, heavy with grief, were fixed on vacancy.

"Look at me, Violet."

She turned her head slightly and listlessly gazed at him.

"Was he your lover ?"

She closed her eyes and tears flowed from them. Her mouth was strangely twisted.

"Haven't you got anything to say at all ?"

She shook her head.

"You must answer me, Violet."

"I'm not fit to talk to you now," she moaned. "How can you be so heartless ?"

"I'm afraid I don't feel very sympathetic at the moment. We must get this straight now. Would you like a drink of water ?"

"I don't want anything."

"Then answer my question."

"You have no right to ask it. It's insulting."

• Questions

1. *What couldn't Saffary make out ?*
2. *What had been Violet's reaction ?*
3. *What had Violet called Knobby ?*
4. *How did she look at her husband ?*
5. *What did Saffary offer to do for his wife ?*
6. *To what question did he demand an answer ?*
7. *How did Violet evade the question ?*

• Corrigé

1. Why his wife had been so frightfully upset.
2. She had simply gone to pieces.
3. She had called him "Hal".
4. She gazed at him listlessly.
5. He offered to bring her a drink of water.
6. Was Knobby Violet's lover ?
7. She said the question was insulting.

Extrait n° 4, p. 118-120 :

"Give me a cigarette," she said.

He took one out of his case and put it in her mouth. He made two or three ineffectual attempts to strike his lighter. It would not work.

"Hadn't you better get a match ?" she said.

For the moment she had forgotten her heart-rending grief and was faintly amused at the situation. He took a box from the table and held the lighted match to her cigarette. She inhaled the first puff with a sense of infinite relief.

"I can't tell you how ashamed I am, Violet," he said. "I'm disgusted with myself. I don't know what came over me."

"Oh, that's all right. It was very natural. Why don't you have a drink ? It'll do you good."

Without a word, his shoulders all hunched up as though the burden that oppressed him were material, he helped himself to a brandy and soda. Then, still silent, he sat down. She watched the blue smoke curl into the air.

"What are you going to do ?" she said at last.

He gave a weary gesture of despair.

"We'll talk about that tomorrow. You're not in a fit state tonight. As soon as you've finished your cigarette you'd better go to bed."

"You know so much, you'd better know everything."

"Not now, Violet."

"Yes, now."

• Questions

1. What did Violet ask for ?
2. What showed that Tom was upset ?
3. Why was Violet amused ?
4. How did Tom apologize ?
5. Who offered a drink to whom ?
6. What showed Tom's self-disgust ?
7. What did Violet want to know from Tom ?
8. What did Tom propose to do later ?
9. To what decision did Violet come ?

• Corrigé

1. She asked for a cigarette.
2. He could not manage to make his lighter work.
3. She was amused at the situation.
4. He said he was disgusted with himself.
5. Violet offered her husband a drink.
6. He stood with his shoulders all hunched up.
7. What Tom was going to do.
8. To talk about his own decision.
9. She decided to tell the whole story.

To her astonishment Enid came up to her, flung her arms round her neck and kissed her eagerly. She looked at Enid and saw that her cheeks, usually pale, were flushed and that her eyees were shining. Enid burst into tears.

"What on earth's the matter, darling ?" she cried.

For one moment she was afraid that Enid knew everything. But Enid was flushed with delight and not with jealousy or anger.

"I've just seen Dr Harrow", she said. "I didn't want to say anything about it. I've had two or three false alarms, but this time he says it's all right."

A sudden coldness pierced Violet's heart.

"What do you mean ? You're not going to..."

She looked at Enid and Enid nodded.

"Yes, he says there's no doubt about it al all. He thinks I'm at least three months gone. Oh, my dear, I'm so wildly happy".

She flung herself again into Violet's arms and clung to her, weeping.

"Oh, darling, don't."

Violet felt herself grow pale as death and knew that if she didn't keep a tight hold of herself she would faint.

"Does Knobby know ?"

"No, I didn't say a word. He was so disappointed before. He was so frightfully cut up when baby died. He's wanted me to have another so badly."

Violet forced herself to say the things that were expected of her, but Enid was not listening. She wanted to tell the whole story of her hopes and fears, of her symptoms, and then of ther interview with the doctor. She went on and on.

• Questions

1. *What did Enid do on meeting Violet ?*
2. *What did Violet notice about Enid's face ?*
3. *What did Violet fear ?*
4. *What did Dr Harrow tell Enid ?*
5. *Why is Enid so wildly happy ?*
6. *How did Violet react to the news ?*

7. *Had Enid spoken to Knobby ?*
8. *How had Knobby taken the death of his baby ?*
9. *Did Enid hasten to leave Violet ?*

• **Corrigé**

1. She kissed her eagerly.
2. Her cheeks were flushed and her eyes shining.
3. She was afraid lest Enid knew about her and Knobby.
4. That she was three months pregnant.
5. Because she had had several false alarms in the past.
6. She nearly fainted.
7. No, not yet.
8. He had been frightfully cut up.
9. No, she went on and on.

Extrait n° 6, p. 152-154-156 :

They arranged a date and duly met. He knew that she had married the man on whose account he had divorced her, and he judged by her clothes that she was in comfortable circumstances. They drank a cocktail. She ate the *hors-d'œuvre* with gusto. She was fifty if she was a day, but she carried her years with spirit. There was something jolly and careless about her, she was quick on the uptake, chatty, and she had the hearty, infectious laugh of the fat woman who has let herself go. If he had not known that her family had for a century been in the Indian Civil Service he would have thought that she had been a chorus girl. She was not flashy, but she had a sort of flamboyance of nature that suggested the stage. She was not in the least embarrassed.

"You never married again, did you ?" she asked him.

"No."

"Pity. Because it wasn't a success the first time there's no reason why it shouldn't have been the second."

"There's no need for me to ask if you've been happy."

"I've got nothing to complain of. I think I've got a happy nature. Jim's always been very good to me ; he's retired now, you know, and we live in the country, and I adore Betty."

"Who's Betty ?"

"Oh, she's my daughter. She got married two years ago. I'm expecting to be a grandmother almost any day."

"That ages us a bit".

She gave a laugh.

"Betty's twenty-two. It was nice of you to ask me to lunch, George. After all, it would be silly to have any feelings about something that happened so long ago as all that."

● **Questions**

1. *Whom had Moon's former wife married ?*
2. *What did Moon judge by her clothes ?*
3. *How did she eat her* hors-d'œuvre *?*
4. *Did she look her age ?*
5. *Was she a dull person ?*
6. *Was she a happy sort of person ?*
7. *Of what family did she come ?*
8. *Where does she live ?*
9. *When did Betty get married ?*
10. *Does Moon's former wife show any resentment ?*

● **Corrigé**

1. The man on whose account Moon had divorced her.
2. That she was in comfortable circumstances.
3. She ate it with gusto.
4. Yes, but she carried it with spirit.
5. No, she was quick on the uptake.
6. Yes, her laugh was infectious.
7. They had for a century been in the Indian Civil Service.
8. In the country.
9. Two years ago.
10. No, she claims it would be silly.

"Knobby Clarke is dead, Saffary. You can't be jealous of him any more. No one knows a thing except you and me and your wife, and tomorrow I'm going away for ever. Why don't you let bygones be bygones ?"

"Violet would only despise me."

George Moon smiled and, unexpectedly on that prim, fastidious face, his smile had a singular sweetness.

"I know her very little. I always thought her a very nice woman. Is she as detestable as that ?"

Saffary gave a start and reddened to his ears.

"No, she's an angel of goodness. It's me who's detestable for saying that of her." His voice broke and he gave a little sob. "God knows I only want to do the right thing."

"The right thing is the kind thing."

Saffary covered his face with his hands. He could not curb the emotion that shook him.

"I seem to be giving, giving all the time, and no one does a God-damned thing for me. It doesn't matter if my heart is broken, I must just go on." He drew the back of his hand across his eyes and sighed deeply. "I'll forgive her."

George Moon looked at him reflectively for a little.

"I wouldn't make too much of a song and dance about it, if I were you," he said. "You'll have to walk warily. She'll have a lot to forgive too."

"Because I hit her, you mean ? I know, that was awful of me."

"Not a bit. It did her a power of good. I didn't mean that. You're behaving generously, old boy, and, you know, one needs a devil of a lot of tact to get people to forgive one one's generosity.

• Questions

1. *Why can't Saffary be any more jealous ?*
2. *What happens to Moon tomorrow ?*
3. *What was unexpected about Moon's smile ?*
4. *How did Moon judge Violet ?*
5. *Did Saffary remain self-composed ?*

6. *What is Saffary's desire ?*
7. *Why does he complain ?*
8. *What advice does Moon give him ?*
9. *What did Violet a power of good ?*
10. *For what is tact required ?*

• Corrigé

1. Because Clarke is dead.
2. He is going away for ever.
3. Its singular sweetness.
4. He thought her a very nice woman.
5. No. His voice broke and he gave a little sob.
6. He only wants to do the right thing.
7. Because he seems to be giving all the time.
8. Not to make too much of a song and dance about the affair.
9. That her husband had hit her did her a power of good.
10. To get people to forgive you your generosity.

MAYHEW

Extrait n° 1, p. 172-174 :

I never met a more interesting man than Mayhew. He was a lawyer in Detroit. He was an able and a successful one. By the time he was thirty-five he had a large and a lucrative practice, he had amassed a competence, and he stood on the threshold of a distinguished career. He had an acute brain, an attractive personality, and uprightness. There was no reason why he should not become, financially or politically, a power in the land. One evening he was sitting in his club with a group of friends and they were perhaps a little the worse (or the better) for liquor.

One of them had recently come from Italy and he told them of a house he had seen at Capri, a house on the hill, overlooking the Bay of Naples, with a large and shady garden. He described to them the beauty of the most beautiful island in the Mediterranean.

"It sounds fine," said Mayhew. "Is that house for sale ?"

"Everything is for sale in Italy."

"Let's send 'em a cable and make an offer for it."

"What in heaven's name would you do with a house in Capri ?"

"Live in it," said Mayhew.

He sent for a cable form, wrote it out, and dispatched it. In a few hours the reply came back. The offer was accepted.

• Questions

1. *What was Mayhew in Detroit ?*
2. *How well did he do for himself ?*
3. *What were his professional qualities ?*
4. *From where had Mayhew's friend recently come ?*
5. *What had the friend seen at Capri ?*
6. *What did Mayhew suddenly decide ?*
7. *How was his cable received ?*

• Corrigé

1. He was a lawyer.
2. He was extremely successful.
3. His acute brain, and his uprightness.
4. He had come from Italy.
5. A house on a hill with a large and shady garden.
6. To buy the house and live there.
7. The offer was accepted.

Extrait n° 2, p. 180 :

When first he came to the island he was a big, brawny fellow, with thick black hair and a black beard, of a powerful physique ; but gradually his skin became pale and waxy ; he grew thin and frail. It was an odd contradiction in the most logical of men that, though a convinced and impetuous materialist, he despised the body ; he looked upon it as a vile instrument which he could force to do the spirit's bidding.

Neither illness nor lassitude prevented him from going on with his work. For fourteen years he toiled unremittingly. He made thousands and thousands of notes. He sorted and classified them. He had his subject at his finger ends, and at last was ready to begin. He sat down to write. He died.

The body that he, the materialist, had treated so contumeliously took is revenge on him.

That vast accumulation of knowledge is lost for ever. Vain was that ambition, surely not an ignoble one, to set his name beside those of Gibbon and Mommsen. His memory is treasured in the hearts of a few friends, fewer, alas ! as the years pass on, and to the world he is unknown in death as he was in life.

And yet to me his life was a success. The pattern is good and complete. He did what he wanted, and he died when his goal was in sight and never knew the bitterness of an end achieved.

• Questions

1. *How did Mayhew's condition alter on the island ?*
2. *What was contradictory about Mayhew ?*
3. *For how long did he toil at his book ?*
4. *What happened when he started writing ?*
5. *Have his friends forgotten him ?*
6. *In what sense can his life be considered a success ?*

• Corrigé

1. His skin became pale and he grew thin and frail.
2. He was a materialist but he despised his body.
3. For fourteen years.
4. He died.
5. No, they treasure his memory.
6. He never knew the bitterness of an end achieved.

THE END OF FLIGHT

Extrait n° 1, p. 188-190 :

I wanted chiefly to go to bed, but he *was* my host, and being at times somewhat of a humorist myself I know that it is hard to have an amusing story to tell and find no listener.

"He came on the boat that brought you, on its last journey along the coast, he came into my office and asked where the dak bungalow was. I told him there wasn't one, but if he hadn't anywhere to go I didn't mind putting him up. He jumped at the invitation. I told him to have his kit sent along.

"This is all I've got," he said.

"He held out a little shiny back grip. It seemed a bit scanty, but it was no business of mine, so I told him to go along to the bungalow and I'd come as soon as I was through with my work. While I was speaking the door of my office was opened and my clerk came in. The Dutchman had his back to the door and it may be that my clerk opened it a bit suddenly. Anyhow, the Dutchman gave a shout, he jumped about two feet into the air and whipped out a revolver.

"What the hell are you doing?" I said.

"When he saw it was the clerk he collapsed. He leaned against the desk, panting, and upon my word he was shaking as though he'd got fever.

"I beg your pardon," he said. "It's my nerves. My nerves are terrible."

"It looks like it," I said.

• Questions

1. *What is hard to a humourist ?*
2. *How did the Dutchman come to the island ?*
3. *How large was his luggage ?*
4. *When did he give a shout ?*
5. *What did he whip out ?*
6. *Had he got a fever ?*
7. *What was wrong with his nerves ?*

• Corrigé

1. To find no listener.
2. On the boat that had brought the narrator.
3. It was a little shiny black grip.
4. When the clerk opened the door.
5. He whipped out a revolver.
6. No, but he was shaking as though he had one.
7. They were terrible.

"I'm safe here for a bit at all events," he said, "and if I can only be quiet for a while I shall get my nerve back."

"Stay as long as you like," I said. "You're all right here, at all events till the boat comes along next month, and if you like we'll watch the people who come off."

"He was all over me. I could see what a relief it was to him.

"It was pretty late and I suggested to him that we should turn in. I took him to his room to see that it was all right. He locked the door of the bath-house and bolted the shutters, though I told him there was no risk, and when I left him I heard him lock the door I had just gone out of.

"Next morning when the boy brought me my tea I asked him if he'd called the Dutchman. He said he was just going to. I heard him knock and knock again. Funny, I thought. The boy hammered on the door, but there was no answer. I felt a little nervous, so I got up. I knocked too. We made enough noise to rouse the dead, but the Dutchman slept on. Then I broke down the door. The mosquito curtains were neatly tucked in round the bed. I pulled them apart. He was lying there on his back with his eyes wide open. He was as dead as mutton. A kris lay across his throat, and say I'm a liar if you like, but I swear to God it's true, there wasn't a wound about him anywhere. The room was empty.

"Funny, wasn't it ?"

"Well, that all depends on your idea of humour," I replied.

My host looked at me quickly.

"You don't mind sleeping in that bed, do you ?"

"N-no. But I'd just as soon you'd told me the story tomorrow morning."

• Questions

1. *What did the Dutchman believe ?*
2. *What did he want to stay for ?*
3. *How did his host treat him ?*

4. *How did the Dutchman show his gratitude ?*
5. *What did he do before going to bed ?*
6. *What did his host ask when the boy brought him his tea ?*
7. *What did he hear ?*
8. *How did he react ?*
9. *How did he open the door ?*
10. *Why did the noise wake up the Dutchman ?*
11. *In what attitude was he found ?*
12. *What lay across his throat ?*
13. *What traces were there on his body ?*
14. *How did the narrator enjoy the story ?*

• Corrigé

1. He believed he would be safe for a bit.
2. He wanted to get his nerve back.
3. He told him to stay on as long as he liked.
4. He was all over him.
5. He locked all the doors and bolted the shutters.
6. He asked if the boy had called the Dutchman.
7. He heard the boy hammering at the Dutchman's door.
8. He felt a little nervous.
9. He broke it down.
10. Because he was dead.
11. He was lying on his back, his eyes wide open.
12. There was a kriss across his throat.
13. No wound was found about him.
14. He would rather have heard it the next morning.

VOCABULAIRE ANGLAIS-FRANCAIS

Le numéro de la page renvoie à la première entrée du terme dans le corps du livre. C'est à cette page qu'il convient, le cas échéant, de se reporter.

A

angry, *en colère* **32**

anguish, *terreur angoissée* **104**

announcement, *nouvelle brève* **56**

anticipate (to), *attendre qqch d'agréable* **136**

anxious, *impatient* **102**

anybody, *n'importe qui* **60**

anyhow, *quoi qu'il en soit* **24**

apologies, *des excuses* **186**

appal (to), *épouvanter* **108**

apparently, *visiblement* **56**

appoint (to), *nommer, désigner* **70**

argue (to), *discuter* **144**

arm, *un bras* **46**

arouse (to), *mettre en alerte* **60**

as it were, *pour ainsi dire* **52**

as soon as, *dès que* **102**

as though (= as if), *comme si* **16**

ashamed, *honteux* **118**

ashore, *à terre, sur le rivage* **12**

assault, *voies de fait* **74**

astonishingly, *étonnamment* **46**

astounded, *stupéfait* **56**

at first, *tout d'abord* **104**

at once, *tout de suite* **62**

attempt, *une tentative* **118**

attorney, *avoué* **173**

attractive, *attachant, séduisant* **122**

avenge (to), *venger* **62**

await (to), *attendre* **66**

awkward, *maladroit, gênant* **78**

awkwardness, *gaucherie* **96**

awning, *un auvent* **44**

B

back, *le dos* **66**

back numbers, *vieux numéros (d'un journal)* **56**

backer, *un supporter* **90**

background, *fond, arrière-plan* **96**

bag, *un sac* **12**

bald, *chauve* **18**

balk (billard), *une transversale* **90**

ballet dancer, *danseuse classique* **154**

bangle, *un bracelet* **52**

baravado, *une bravade* **174**

bare, *nu, dénudé, dépouillé* **42**

barefooted (ou barefoot), *nu-pieds* **98**

barrister, *avocat* **173**

bath-house, *salle d'eau, de douche* **198**

bathe (to), *se baigner* **100**

bathroom, *salle de bains* **199**

bawdy, *grivois* **68**

be fond of (to), *avoir de l'affection pour* **94**

beach, *une plage* **184**

bean, *un haricot* **72**

bear, bore, born (to), *souffrir, endurer* **106**

bear, bore, born (to), *porter, arborer* **42**

beard, *une barbe* **34**

beast, *bête nuisible* **142**

beastly, *horrible, méchant* **142**

beat, beat, beaten (to), *battre* **74**

become, became, become (to), *devenir* **60**

becomingly, *de manière seyante* **92**

bed-ridden, *grabataire* **128**

behave (to), *se comporter* **126**

behind, *derrière, par-derrière* **34**

believe (to), *croire* **24**

bell, *cloche, sonnette* **12**

belly, *un ventre* **46**

bench, *un banc* **34**

bend, bent, bent (to), *courber* **116**

beset, beset, beset (to), *obséder* **134**

beside, *auprès de* **106**

best (the), *le meilleur* **58**

bet (to), *parier* **88**

beyond, *l'au-delà, au-delà* **66**

bid, *une enchère (au bridge)* **50**

bid, bade, bidden (to), *ordonner, commander* **14**

bit, *un morceau* **50**

bitter, *amer* **60**

bitterly, *amèrement* **142**

black, *noir* **16**

bland, *inexpressif* **178**

blank, *vide, invisible* **70**

blow, *un coup, un revers* **82**

blow, blown, blown out (to), *faire sauter, faire exploser* **62**

blurt out (to), *laisser échapper (une parole)* **146**

board, *un tableau d'affichage* **88**

boast (to), *se vanter* **52**

body, *le corps* **18**

bold, *audacieux, franc* **150**

bolt, *un verrou* **199**

bolt (to), *verrouiller* **198**

bolt upright, *tout raide, tout droit* **190**

bonus, *une prime* **162**

boots, *les bottes* **100**

bore (to), *ennuyer, fatiguer* **66**

bother (to), *prendre, se donner la peine* **110**

bound for, *à destination de* **184**

bound to, *obligé de* **192**

box, *une boîte* **120**

brace (to), *ragaillardir* **84**

brain, *le cerveau* **172**

brawny, *musclé* **180**

brazen, *effronté(e)* **54**

bread, *pain* **152**

breadth, *épaisseur* **22**

break, *série de points dans un jeu* **86**

breakfast, *petit déjeuner* **56**

breeze, *une brise* **184**

bring, brought, brought (to), *porter, apporter* **30**

brood (to), *couver* **176**

brown, *brun* **184**

buck up (to), *se ressaisir* **102**

build, built, built (to), *construire* **120**

bulge (to), *enfler, faire saillie* **46**

bulk, *poids, volume* **30**

bunk, *une couchette* **60**

burly, *massif et gauche* **78**

burst, burst, burst (to), *éclater* **104**

bury (to), *enterrer, ensevelir* **82**

bush, *un buisson* **16**

business, *les affaires* **42**

busy, *animé* **44**

butcher, *un boucher* **114**

buy, bought, bought (to), *acheter* **52**

by chance, *par hasard* **126**

bygones, *les choses passées, le passé* **80**

bystander, *un témoin, un spectateur* **90**

C

call off (to), *interrompre* **88**

call (to), *appeler* **36**

callow, *un jeunot* **122**

canned goods, *des conserves* **28**

cantankerous, *acariâtre, procédurier* **38**

care about (to), *se soucier de* **36**

carelessly, *nonchalamment* **56**

carriage, 1) *maintien ;* 2) *véhicule* **98**

carry (to), *porter, transporter* **62**

carry on (to), *continuer* **58**

case, *une affaire en justice* **74**

cast, cast, cast (to), *jeter* **68**

castaway, *un naufragé* **30**

casual, *banal, coutumier* **124**

casually, *d'un air indifférent* **76**

century, *un siècle* **22**

chaff (to), *plaisanter, blaguer* **126**

chair, *chaise ou fauteuil* **48**

characters, *les personnages* **52**

cheap, *bon marché* **72**

cheek, *une joue* **94**

cheek-bones, *les pommettes* **82**

chicken, *un poulet* **32**

chicken run, *un poulailler* **34**

child (pl. children), *un enfant* **102**

chin, *le menton* **78**

china, *la porcelaine* **124**

chit, *une note de bloc-note* **74**

choke (to), *étouffer, asphyxier* **46**

choppy, *agité* (se dit de la mer) **34**

chorus gril, *danseuse de music-hall* **154**

chuckle (to), *rire sous cape* **150**

chum, *un copain* **60**

circumstances, *condi-*

tions de vie **72**

claim (to), *réclamer, annoncer* **50**

clean, *propre* **190**

clear-sighted, *lucide* **70**

clipped, *haché, saccadé* **88**

close, *très proche* **124**

close-cropped, *coupé court, en brosse* **190**

coat, *veste* **122**

coat-hanger, *un cintre* **168**

coconut, *une noix de coco* **32**

cold, *froid* **74**

collapse (to), *s'effondrer* **188**

colourless, *terne* **82**

come-hither, *avenant* **68**

comfort, *réconfort* **114**

comment, *un commentaire, un commérage* **140**

commit (to), *perpétrer* **56**

concourse, *rassemblement, assemblée* **68**

confer (to), *décerner* **70**

congratulations, *félicitations* **90**

consider (to), *examiner* **56**

contempt, *le mépris* **78**

contentedly, *étant content de son sort* **172**

contrivance, *invention, truc, subterfuge* **24**

contumeliously, *avec mépris, dédain* **180**

cook (to), *cuisiner* **20**

cool, *frais* **56**

corrugated iron, *tôle ondulée* **34**

corsican, *corse* **16**

coward, *un lâche* **20**

cowed, *apeuré* **94**

cower (to), *se recroque-viller de peur* **60**

craft (invariable), *une embarcation* **28, 184**

crammed full, *bondé* **184**

crazy, *fou* **58**

creek, *une crique* **168**

creeper, *plante grimpante* **122**

crew, *un équipage* **28**

cringe (to), *s'aplatir (de peur)* **94**

crockery, *de la vaisselle* **124**

crowded, *populeux* **44**

crumple up (to), *se chiffonner* **196**

curb (to), *maîtriser, dompter* **164**

curios, *des curiosités locales* **122**

curl (to), *onduler* **120**

curse, *une malédiction* **24**

curtains, *des rideaux* **200**

curtly, *sèchement* **76**

custody, *garde légale, détention* **156**

customs, *la douane* **14**

cut, cut, cut (to), *couper, trancher* **12**

cut a long story short (to), *abréger une histoire* **102**

D

dally with (to), *s'amuser à des futilités* **58**

damned, *fichu, sacré* **106**

damned fool, *un foutu crétin* **158**

dank, *humide* (se dit de l'atmosphère) **42**

dark, *aux cheveux bruns* **46**

darkness, *l'obscurité* **12**

dash, *mouvement brusque* **168**

dash off (to), *partir brusquement* **168**

dawn, *l'aurore* **62**

dead, *mort* **20**

deal, dealt, dealt (to), *distribuer, répartir* **50**

death, *la mort* **114**

decent, *convenable,* **162**

deck, *un pont de navire* **44**

deep-set, *enfoncé profondément, enchâssé* **122**

deliberately, *après mûre réflexion* **132**

delight, *délice, joie* **136**

demand (to), *exiger* **60**

demure, *sage, calme* **148**

den, *un antre* **190**

depressing, *déprimant* **42**

describe (to), *décrire* **52**

desk, *bureau, secrétaire* **94**

despair, *désespoir* **120**

despairingly, *de façon désespérée* **106**

desperate, *désespéré, ultime* **146**

destitute, *indigent, sans ressources* **16**

diamonds, *carreaux* (jeu de cartes) **50**

die, *un dé pour jouer* **134**

difference, *une divergence, une querelle* **78**

dingy, *minable, étriqué* **42**

directors, *les administrateurs* **134**

dirty, *sale* **20**

dish, *un plat* **42**

dislike (to), *ne pas trouver à son goût* **66**

dismay, *l'effroi* **84, 148**

dispatch (to), *expédier* **174**

distaste, *répugnance* **98**

distraught, *égaré, qui a perdu l'esprit* **108**

ditch, *un fossé* **98**

dividend, *un dividende* **162**

dock (to), *retenir une partie du salaire* **100**

door, *une porte* **82**

dozen, *une douzaine* **62**

drab, *médiocre, monotone* **122**

drag (to), *tirer, hisser* **116**

draught, *une lampée (de boisson)* **48**

draw, drew, drawn (to), *dessiner, tracer* **66**

dreadful, *effrayant, épouvantable* **38**

dream, dreamt, dreamt of (to), *rêver à* **196**

dress (to), *vêtir, habiller* **52**

dressing-gown, *robe de chambre, peignoir* **14**

drip (to), *ruisseler* **100**

drive, drove, driven (to), *mener, conduire, pousser* **30**

drollery, *le comique* **52**

drop (to), *lâcher, laisser tomber* **44**

drunk, *ivre* **32**

dry, *sec* **168**

due to, *destiné à* **52**

dull, *morne, ennuyeux,* **100**

dully, *de façon morne, inerte* **94**

dutch, *hollandais* **42**

duty, *un devoir, le devoir* **50**

dwell, dwelt, dwelt (to), *résider, habiter* **72**

E

eager, *avide, empressé* **58**

eagerly, *avec enthousiasme* **136**

early, *de bonne heure* **56**

earn (to), *gagner* (de l'argent, du repos) **66**

easily, *facilement* **102**

edge, *le bord, la lisière* **34**

eerie, *surnaturel, macabre* **18**

efficiently, *efficacement* **78**

elaborate, *compliqué* **96**

elderly, *âgé* **72**

elopement, *une fugue* **136**

empty, *vide* **200**

end, *une fin* **68**

engineer, *un ingénieur ou un mécanicien* **42**

english-speaking, *anglophone* **16**

enjoy (to), *apprécier, profiter de* **66**

enough, *assez, suffisamment* **78**

ensue (to), *découler, s'ensuivre* **54**

enterprising, *qui a le sens de l'initiative* **36**

entertain (to), *donner des réceptions* **136**

eschew (to), *manifester, montrer, témoigner* **92**

estate, *une propriété, un domaine* **76**

eulogistically, *élogieusement* **66**

even (adverbe), *même* **44**

evening, *un soir, une soirée* **44**

eventually, *finalement* **22**

every, *chaque* **46**

excitingly, *de façon attrayante* **128**

exhausted, *épuisé, à plat* **126**

exhilaration, *euphorie, joie* **126**

expectant mother, *une femme enceinte* **142**

extravagant, 1) *dépensier ;* 2) *excessif* **176**

eyebrows, *les sourcils* **16**

F

face (to), *supporter, faire face à* **66**

fade away (to), *s'estomper, disparaître* **18**

fail (to), *abandonner, faire défaut* **88**

faint, *faible, léger, imperceptible* **42**

faint (to), *s'évanouir* **104**

fair, 1) *beau ;* 2) *blond ;* 3) *juste* **102**

follow (to), *suivre, accompagner* **24**

fond of, *épris de* **50**

food, *la nourriture* **36**

fool, *un sot, un idiot* **82**

for ever, *à jamais, éternellement* **178**

force (to), *forcer* **104**

foregather with (to), *se joindre à une réunion* **178**

foreigner, *un étranger (d'un autre pays)* **48**

foresee, foresaw, foreseen (to), *prévoir* **38**

forget, forgot, forgotten (to), *oublier* **22**

forgive, forgave, forgiven (to), *pardonner* **22**

forlorn, *isolé, désolé* **184**

fortnight, *deux semaines* **82**

fortunate, *heureux, enviable* **128**

freedom, *liberté* **72**

french, *français* **16**

fresh, *nouveau* **22**

friend, *ami* **22**

friendly, *amical, cordial* **92**

frightfully, *terriblement, furieusement* **132**

frock, *une robe* **124**

from bad to worse, *de mal en pis* **60**

frown, *un froncement de sourcil* **72**

frown (to), *froncer les sourcils* **72**

full, *plein* **104**

fun, *une distraction, un amusement* **50**

fuss, *une histoire, un embarras* **158**

G

gambols, *des gambades* **168**

game, *un jeu, une partie* **50**

gang, *une équipe* **100**

garden, *jardin* **44**

gasp (to), *être à bout de souffle* **48**

gather (to), *assembler, réunir, se grouper* **44**

gaunt, *austère, rébarbatif* **176**

gaze, *le regard* **94**

genial, *sympathique* **56**

gentle, *doux, douce* **52**

gently, *doucement* **106**

german, *allemand* **28**

gesture, *un geste* **106**

get off, got, got (to), *sortir, débarquer* **14**

get, got, got + adj. (to), *devenir* **68**

get, got, got away with (to), *s'en tirer* **50**

gift, *un présent, un cadeau* **36**

girl, *jeune fille* ou *jeune femme* **60**

give, gave, given up (to), *abandonner* **52**

glad, *content* **16**

glass, *un verre* **50**

glimpse, *un bref aperçu* **46**

glisten (to), *luire, briller* **184**

gloom, *tristesse, obscurité* **68**

glowing, *brillant, resplendissant* **66**

go, went, gone to pieces (to), *s'effondrer* **102**

god, *dieu* **106**

gold, *l'or* **52**

good chap, *un brave type* **78**

good riddance, *bon débarras* **62**

government official, *personnel gouvernemental* **42**

grand, *grandiose, superbe* **42**

grandmother, *grand-mère* **154**

grant (to), *accorder* **22**

grave, *une tombe* **18**

green, *vert* **184**

greeting, *une salutation* **34**

grey, *gris* **72**

grief, *peine, deuil* **92**

grim, *sinistre* **146**

grimace, *un rictus* **108**

grimly, *sans joie, amèrement* **70**

grip, *une mallette* **188**

grit, *pierre dure, grès* **90**

ground, *un terrain* **30**

grow, grew, grown (to), *devenir* **32**

grub (familier), *de la « bouffe »* **48**

grudge (to), *refuser* ou *se montrer réticent* **178**

grumble (to), *se plaindre, rouspéter* **36**

guess (to), *deviner* **198**

guilty, *coupable* **56**

gusto, *énergie, enthousiasme* **152**

H

haggard, *décomposé* (un visage) **104**

hair, *cheveux* ou *poil* **16**

hammers, *des marteaux* **120**

hand (to), *passer, placer dans la main* **86**

handsome, *beau* **98**

hang, hung, hung (to), *pendre, suspendre* **14**

hang, hung, hung about (to), *traîner, rester sur place* **66**

happen (to), *se produire, se passer* **32**

harbour, *port* **28**

hard, *dur* **68**

hard-working, *travailleur* **122**

hardly, *guère, à peine* **50**

harm, *mal, dommage* **146**

harshly, *sévèrement, injustement* **80**

hat, *un chapeau* **156**

hatchet, *une hachette* **34**

haunt (to), *hanter* **38**

head, *tête, chef* **74**

headline, *manchette* (dans un journal) **56**

headlong, *de tout son long* **104**

heap up (to), *entasser* **94**

heart-rending, *déchirant, atroce* **120**

heartily, *de bon cœur* **48**

heartiness, *jovialité* **66**

heartless, *dur, implacable* **112**

heaven, *le ciel* (sens religieux) **174**

heavy, *lourd* **48**

herd (to), *mener comme du bétail* **20**

hide, hid, hidden (to), *cacher* **32**

hiding place, *cachette* **160**

high-strung, *nerveux* **106**

hill, *une colline* **52**

hindrance, *un obstacle* **130**

hoarse, *enroué* **196**

hold, held, held (to), *tenir* **74**

holidays, *les vacances* **42**

hollow, *creux* **18**

home, *chez soi* **52**

hop (to), *sauter, faire un bond* **126**

hopes, *les espoirs* **138**

horse, *cheval* **78**

hot, *très chaud* **58**

hot, *épicé* **46**

housebreakers, *des cambrioleurs* **120**

hover upon (to), *voltiger au-dessus* **168**

huddle (to), *être recroquevillé* **110**

humdrum, *routinier et monotone* **128**

hunched up, *voûté, courbé* **120**

hunt (to), *chasser* **38**

hurricane, *un ouragan* **22**

hurry (to), *se dépêcher* **102**

hurt, hurt, hurt (to), *blesser ou faire mal* **116**

hushed, *assourdi, chuchoté* **18**

hussy, *mégère* **54**

hut, *une cabane* **34**

I

ice, *la glace* **100**

idiotic, *ridicule, stupide* **156**

ill, *malade, indisposé* **16**

ill-feeling, *rancune* **76**

ill-will, *mauvaise volonté* **60**

illness, *maladie* **80**

illusive, *irréel* **46**

impatiently, *rageusement* **108**

in order to, *afin de* **78**

in-off, *un carambolage* (au billard) **88**

inch, *pouce* (unité de longueur) **168**

incredibly, *incroyablement* **50**

indomitable, *indomptable* **118**

ineffectual, *sans résultat* **118**

inefficiency, *incurie* **68**

infatuation, *un entichement* **60**

infectious, *contagieux* **154**

inhale (to), *aspirer* **120**

insist on (to), *s'entêter à* **50**

intently, *avec attention, concentration* **42**

interfere (to), *se mêler de* **50**

invalid, *un infirme* **128**

inveigle (to), *embobiner* **122**

islander, *un insulaire* **28**

J

jacket, *une veste* **52**

jaunt, *un écart, un caprice* **172**

jauntily, *en faisant des détours* **172**

javanese, *javanais(e)* **52**

jetty, *une jetée* **12**

joke, *une blague* **48**

jolly, *enjoué* **158**

journey, *un voyage* **20**

judge, *un juge* **56**

jump (to), *sauter, bondir* **62**

K

keep, kept, kept (to), *garder* **74**

kill (to), *tuer* **22**

kindle (to), *allumer, éclairer gaiement* **128**

kindly, *bienveillant* **22**

king, *roi* **22**

kingdom, *un royaume* **34**

kit, *bagages, paquetage* **12**

kneel (to), *s'agenouiller* **106**

knees, *les genoux* **104**

knock (to), *frapper* **12**

know, knew, known (to), *savoir* ou *connaître* **14**

L

labour, *la main-d'œuvre* **68**

241

lukewarm, *tiède* 100

lumber (to), *marcher lourdement* 102

lunch (to), *aller déjeuner* 152

lure (to), *capter, séduire* 60

luxury, *un luxe* 16

M

maid, *une servante* 72

mail, *le courrier* 44

make, made, made (to), *fabriquer* 34

make, made, made do with (to), *se contenter de* 72

many, *nombreux* 18

match, *une allumette* 12

matting, *une paillasse* 184

mean, *mesquin* 38

mean, meant, meant (to), *signifier, vouloir dire* 56

meaning, *signification* 60

meat, *viande* 30

meet, met, met (to), *rencontrer* 52

mere, *simple, unique* 52

merely, *uniquement, simplement* 124

merry, *joyeux* 44

mien, *l'expression, la mine* 94

mind (to), *faire attention,*

déplorer 80

mine, *le mien* 110

misfortune, *malheur ou malchance* 24

misgivings, *pressentiments, appréhensions* 186

miss (to), *rater, manquer* 12, 148

missus (familier), *la bourgeoise* 86

mistake, *erreur* 14

moan (to), *gémir* 108

mock (to), *tourner en dérision* 52

month, *un mois* 44

morning, *matin* 56

mortification, *humiliation* 178

mosquito netting, *moustiquaire* 186

mother-tongue, *la langue maternelle* 16

mud, *la boue* 168

muddy, *boueux* 168

mumble (to), *marmonner* 36

murder, *meurtre* 56

muted, *en sourdine* 98

mutton, *viande de mouton* 200

N

nails, 1) *les ongles* ; 2) *des clous* 166

narrow, *étroit* **74**

native, *un(e) autochtone* **62**

nearly, *presque* **58**

neat, *petit et joli, propret* **28**

necessities, *denrées, provisions* **30**

neck, *le cou* **52**

neither... nor, *ni... ni* **76**

net, *un filet* **187**

never, *jamais* **30**

news, *les nouvelles* **44**

next, *prochain, suivant* **54**

noble, *beau, respectable* **176**

nod (to), *hocher la tête* **144**

noise, *bruit* **52**

noisy, *bruyant* **70**

noon, *midi* **100**

north, *le nord* **184**

nose, *le nez* **160**

notwithstanding, *nonobstant* **98**

now and then, *de temps à autre* **30**

nowhere, *nulle part* **62**

nurse, *une infirmière* **22**

O

obtain (to), *avoir cours* **60**

occur (to), *se produire* **28**

odd, *bizarre, singulier* **86**

oddly, *bizarrement* **94**

of late, *récemment* **30**

office, *un bureau* **72**

often, *souvent* **100**

oil, *l'huile* **98**

old, *vieux, âgé* **16**

old buffer, *vieille ganache* **152**

on account of, *à cause de* **80**

on the whole , *dans l'ensemble* **66**

once, *une fois, naguère ou jadis* **38**

onlooker, *un spectateur* **88**

only, *seulement* **58**

opening, *une ouverture* **34**

orderly, *un serviteur* **74**

otherwise, *autrement* **70**

out of a job, *en chômage temporaire* **42**

outlook, *ce qui regarde qqn* **190**

over and over again, *plusieurs fois de suite* **36**

overlook (to), *négliger par mégarde* **174**

overseer, *un contremaître* **74**

own (to), *posséder* **28**

P

pack (to), *faire ses bagages* **136**

package, *un colis* **62**

painters, *des peintres* **178**

pal, *un copain* **90**

pallid, *pâle, décoloré* **168**

palm, *la paume de la main* **116**

paly, *une pièce de théâtre* **150**

pang, *une brève et vive douleur* **66**

paper (pour newspaper), *journal* **42**

particular, *spécial, choisi* **60**

partner, *partenaire (ou adversaire)* **50**

patch (to), *rapiécer* **34**

patter (to), *produire un bruit liquide* **44**

pattern, *dessin général, ligne générale* **180**

peaked, *patraque* **132**

peep, *un coup d'œil à la dérobée* **50**

peer (to), *regarder en plissant les yeux* **84**

peg, *patère, porte-manteau* **168**

pending, *imminent* **60**

penitent, *coupable, déconfit* **118**

pepper (to), *poivrer* **30**

perform (to), *accomplir* **52**

perhaps, *peut-être* **34**

persuade (to), *persuader* **46**

pick up (to), *ramasser* **54**

picks, *des pioches* **120**

picture, *une image, un tableau* **66**

picture (to), *imaginer, se représenter* **72**

pictures, *le cinéma* **122**

piercing, *perçant* **104**

pink, *rose* **86**

pitch, *la poix* **12**

placate (to), *désarmer l'hostilité de qqn* **60**

plain, *évident, flagrant* **78**

plainly, *évidemment, clairement* **186**

planter, *un planteur* **42**

pleasantly, *avec plaisir* **124**

plenty, *beaucoup, un tas de* **102**

plucky, *courageux* **118**

pneumatic drill, *marteau-piqueur* **200**

pocket, *une poche* **184**

point out to (to), *montrer du doigt* **184**

port, *un port* **54**

positive, *affirmatif* **50**

potatoes, *des pommes de terre* **152**

poverty-stricken, *famélique, déshérité* **68**

practice, *la clientèle* **172**

praise, *un éloge* **72**

prank, *une farce, une plaisanterie* **48**

present someone with (to), *offrir qqch à qqn* **66**

presently, *immédiate-ment, sans attendre* 12

pressing, *astreignant* 178

presumably, *probable-ment, vraisemblable-ment* 74

pretence, *les apparences* 52

pretend (to), *faire sem-blant, simuler* 148

pretty, *joli(e)* 52

pretty (adverbe), *assez* 12

prevent (to), *empêcher* 50

prim, *coquet, primesau-tier* 98

private, *intime, person-nel* 96

properly, *convenable-ment* 100

propriety, *les convenan-ces* 92

prosecution, *ministère public* 56

puff, *une bouffée de fumée* 120

pull (to), *tirer, hisser* 34

pull up with (to), *rattra-per* 102

purpose, *propos, inten-tion* 16

push (to), *pousser* 108

puzzle (to), *mystifier* 94

Q

quaintness, *bizarrerie, originalité* 42

qualm, *un doute, une appréhension* 134

quarrels, *des querelles* 174

quaver (to), *parler d'une voix étranglée* 108

queen, *une reine* 50

queer, *bizarre* 14

quickly, *rapidement* 18

quiet, *calme* 70

quiver (to), *vibrer, vacil-ler* 116

R

raise (to), *élever, dresser* 34

ransack (to), *piller, dévaster, vider* 28

raw, *cru, mal dégrossi* 66

read [i:], read (red), read (red), *lire* 18

ready, *prêt* 110

recall (to), *rappeler, faire songer à* 176

redouble (to), *surcontrer (bridge)* 50

reef, *récif* 32

refer to (to), *faire allusion à* 66

reflectively, *avec l'air de réfléchir* 188

release (to), *relâcher, relaxer* 146

relief, *le soulagement* 120

remain (to), *rester, demeurer* 38

remember (to), *se rappeler* 52

remind someone of sth (to), *rappeler qqch à qqn* 68

remote, *éloigné* 28

repeatedly, *à plusieurs reprises* 116

repel (to), *repousser* 106

reply, *une réponse écrite* 174

report (to), *faire un rapport* 62

require (to), *avoir besoin de* 76

resent (to), *avoir de la rancune* 166

resentful, *rancunier* 76

resume (to), *reprendre, renouer* 124

retire (to), *prendre sa retraite* 48

rickshaw, *un pousse-pousse* 122

rid of, *débarrassé de* 138

right (substantif), *un droit* 36

ring, *anneau, bague* 98

ring, rang, rung (to), *sonner, résonner* 44

rise, rose, risen (to), *se lever* (le soleil, la cour) 76

roar (to), *rugir* 50

roar with laughter (to), *rire à gorge déployée* 50

rock (to), *bercer* 186

roll, *le roulis* 34

romantic, *pittoresque* 42

roof, *un toit* 184

rotten, *pourri* 24

rough, *rustique, grossier* 34

roughly, *brutalement* 116

roughshod, *chaussé de gros sabots* 68

rouse (to), *exciter* 116

row, *une rangée* 72

row (to), *ramer* 32

rows [:'rauz], *scènes, disputes* 158

rubber, *caoutchouc* 76

rubbish, *saleté, rebut* 62

rubble, *des gravats* 120

run, ran, run away (to), *se sauver, s'enfuir* 130

rush up (to), *se précipiter* 62

S

sad, *triste* 80

sag (to), *pendre sous son propre poids* 86

sally forth (to), *prendre son départ* 98

same, *pareil* 54

saunter about (to), *gambader* 122

scan (to), *examiner, scruter* 34

scar, *une cicatrice* 18

schoolboy, *un écolier* 48

show, showed, shown in (to), *faire entrer (qqn)* **74**

showy, *voyant, ostentatoire* **98**

shrewdness, *sagacité* **156**

shrill, *aigu (un son)* **20**

shrivelled, *fripé* **16**

shrug one's shoulders (to), *hausser les épaules* **24**

shudder, *un frisson* **96**

shy, *timide* **184**

side, *un côté* **34**

sidewalk, *chemin ou (U.S.) trottoir* **98**

sigh (to), *soupirer* **70**

sight (to), *repérer* **30**

significant, *important* **178**

silk, *la soie* **52**

silly, *sot, sotte* **54**

silver, *argent* **66**

since, *puisque* **44**

single (adj.), *célibataire* **42**

singlet, *un maillot de corps* **34**

sink, sank, sunk (to), *enfoncer, couler* **110**

sip (to), *boire à petites gorgées* **118**

sitting-room, *un salon* **102**

skilful, *adroit* **178**

skin, *la peau* **124**

skipper, *patron de bateau* **28**

sky, *le ciel* **44**

slackness, *mollesse, relâchement* **68**

slam, *chelem* (bridge) **50**

sledge hammer, *marteau-pilon* **200**

slight, *léger, faible* **110**

slink, slunk, slunk (to), *se glisser furtivement* **192**

slowly, *lentement* **94**

smart, *élégant* **42**

smelly, *malodorant* **42**

smoke, *la fumée* **120**

smoke (to), *fumer* **96**

smooth out (to), *aplanir* **54**

snatch, *une bribe, un à-coup* **32**

so long as, *aussi longtemps que* **54**

sober, *qui n'a pas bu d'alcool* **174**

sobs, *des sanglots* **106**

sofa, *divan* **104**

solidly, *copieusement* **42**

someone, *quelqu'un* **58**

something, *quelque chose* **32**

sometimes, *parfois* **32**

somewhat, *quelque peu* **184**

soon, *bientôt, prochainement* **52**

soothe (to), *calmer* **106**

sort (to), *trier* **180**

soul, *l'âme* **12**

sound (to), *retentir, résonner* **110**

spades, *pique* (aux cartes) **50**

spanish grandee, *grand d'Espagne* **158**

spare, *rare, disséminé* **74**

spare (to), *épargner* **68**

sparsely, *chichement, de façon clairsemée* **186**

speak, spoke, spoken of (to), *parler de* **12**

speech, *un discours* **56**

speed, sped, sped (to), *faire de la vitesse* **172**

spend, spent, spent (to), *passer (du temps), dépenser* **34**

spill, spilt, spilt (to), *répandre, verser* **118**

spirit, *alcool* **118**

splendid, *superbe* **102**

splutter (to), *s'esclaffer, s'ébrouer* **48**

spoil (to), *gâter, gâcher* **58**

sprawl (to), *s'étirer* **98**

sprightly, *vif, nerveux* **172**

squad, *une escouade* **98**

stab (to), *poignarder* **132**

stage, *scène d'un théâtre* **154**

stage manager, *metteur en scène* **154**

stake, *un enjeu* **50**

stamp (to), *taper du pied* **108**

stand, stood, stood off (to), *se tenir à distance* **49**

stand-offish, *distant, réservé* **48**

standpoint, *un point de vue* **70**

stare (to), *regarder fixement* **104**

start, *départ* **22**

startling, *surprenant, singulier* **20**

starve (to), *être affamé* **20**

state (to), *déclarer* **56**

stay (to), *séjourner* **44**

steady, *régulier, persévérant* **102**

steamer, *un bateau à vapeur* **178**

step, *un pas* **108**

stern, *sévère, strict* **68**

stick, stuck, stuck (to), *coller, flancher* **102**

stiff, *raide, difficile* **34**

still, *tranquille, immobile* **110**

still (adverbe), *encore* **116**

stir (to), *remuer, agiter* **176**

stockings, *les chaussettes* **100**

stone, *une pierre* **68**

stool, *un tabouret* **34**

stop, *un arrêt* **54**

store, *magasin* **28**

storey, *un étage* **12**

stout, *fort, corpulent* **14**

straight, *droit, en ordre, au clair* 112

straits, *des détroits* 12

stranger, *un inconnu* 48

strangle (to), *étrangler* 62

stream (to), *couler à flots* 108

strength, *la force* 116

stretch out (to), *étendre, étirer* 72

strew, strewed, strewn (to), *répandre, joncher* 144

strike, struck, struck (to), *frapper* 12

string, *une corde* 98

strip off, *arracher, enlever* 100

stroke (to), *caresser* 132

stroll up (to), *marcher sans se presser* 70

stub, *un mégot* 96

studies, *des études* 178

sturdy, *rondouillard* 186

success, *réussite, une belle carrière* 156

suchlike, *du même genre* 178

sudden, *soudain, inattendu* 114

suddenly, *tout à coup* 56

suitably, *comme il convient* 66

sulkily, *de façon boudeuse* 96

sunburn, *un hâle, un bronzage* 34

supercargo, *subrécargue* 44

support (to), *soutenir, étayer* 94

surround (to), *entourer* 32

survey (to), *examiner* 66

susceptible to, *influençable* 52

suspect (to), *soupçonner* 124

suspicious, *méfiant* 38

swear, swore, sworn (to), *jurer* 100

sweat (to), *suer, transpirer* 46

sweet, *doux, aimable* 102

sweetie, *ma douce* 106

swiftly, *vivement, rapidement* 108

swine, *cochon* 116

swing, swung, swung (to), *balancer* 116

sword, *une épée, un sabre* 18

sympathy, *compassion, sollicitude* 108

T

take, took, taken place (to), *avoir lieu, se produire* 66

talk (to), *parler* 18

tap (to), *puiser, recueillir un liquide* 98

teach, taught, taught (to), *enseigner* 20

tears, *les larmes* 50

teem with (to), *grouiller de* 168

teeth (sing. : tooth), *les dents* 100

tell, told, told apart (to), *distinguer* (l'un de l'autre) 46

term, *période* 66

thanks, *des remerciements* 36

then, *alors, à cette époque* 56

thick, *épais* 52

things, *des objets, des choses* 92

thinness, *minceur* 72

thoroughly, *complètement* 162

thought, *une idée, une pensée* 122

thrashing, *une correction, une volée* 74

threadbare, *élimé* 42

threshold, *le seuil* 172

throat, *la gorge* 12

through, *à travers* 74

thrust, thrust, thrust (to), *assener, frapper violemment* 18

tick off (to), *pointer* (une liste) 98

tickle (to), *chatouiller* 76

tidings, *les nouvelles* 84

tight, *très serré* 138

tight-lipped, *aux lèvres serrées* 72

till (syn. : until), *jusqu'à ce que* 92

tiny, *minuscule* 28

tired, *fatigué* 72

to marry, *se marier* 122

to treasure, *conserver précieusement* 180

together, *ensemble* 48

toil (to), *peiner* 180

top, *une toupie* 16

tough, *dur, pas tendre* 84

trader, *un négociant* 36

tramp, *radeau* 12

tramp, *un vagabond* 186

travel (to), *voyager* 44

treat, *un plaisir, une bonne surprise* 16

tree, *un arbre* 34

trial, *procès* 56

trick, *un pli* (aux cartes) 50

trifle, *bagatelle* 106

trip, *petit voyage* 42

trivial, *banal, mesquin* 174

trollop, *une traînée, une garce* 62

trouble, *ennui, inconvénient* 158

truck, *de la pacotille* 122

true, *vrai* 104

trustworthiness, *intégrité* 70

truth, *la vérité* 24

try (to), 1) *essayer* ; 2) *juger* 20

tucked in, *bien bordé*

dans son lit **200**

tumble out (to), *dégringoler précipitamment* **60**

turtle, *tortue* **16**

twinkle (to), *étinceler* **24**

twist (to), *tordre* **112**

U

unaccountably, *inexplicablement* **126**

unassuming, *modeste, sans prétentions* **92**

unbelievable, *incroyable* **58**

uncanny, *étrange, insolite* **36**

unconscious, *inconscient* **116**

uncontrollable, *impossible à réprimer* **106**

under, *sous* **18**

undertone, *un ton discret* **70**

uneasiness, *malaise, sensation désagréable* **60**

unexpected, *inattendu* **98**

unfaithful, *infidèle, volage* **160**

ungainly, *disgracieux, gauche* **122**

unless, *sans que* **48**

unnatural, *contraire à l'usage* **160**

unpalatable, *désagréable au goût, déplaisant* **166**

unreal, *irréel* **46**

unrecognizable, *méconnaissable* **38**

unremittingly, *sans relâche* **180**

untoward, *de mauvais augure, sinistre* **60**

unwieldy, *encombrant* **30**

unwinking, *sans baisser les paupières* **94**

up to the mark, *au niveau* **70**

uproarious, *tumultueux, vociférant* **80**

upset, *bouleversé, chagriné* **80**

usher, *un huissier* **76**

utensils, *des ustensiles* **34**

utterly, *complètement* **114**

V

vacancy, *le vide* **112**

vacant, *vide, désert, inoccupé* **34**

vanish (to), *disparaître, s'éclipser* **46**

vie with (to), *rivaliser avec* **46**

vineyards, *des vignobles* **178**

voice (to), *se faire le porte-parole* **76**

voyage, *une longue traversée en mer* **134**

W

wail (to), *se lamenter* **106**

wait (to), *attendre* **38**

walk (to), *marcher* 34

wander through (to), *s'aventurer* 56

want (to), *vouloir* 50

war, *la guerre* 122

warily, *avec circonspection* 164

warn (to), *prévenir, avertir* 12

wary, *précautionneux* 165

wash (to), *laver* 14

waste (to), *gaspiller* 54

watch, *guet ou guetteur* 62

wax, *la cire* 180

weak, *faible, sans force* 118

wealth, *la richesse* 174

wealthy, *fortuné* 42

wear, wore, worn (to), *porter* (un vêtement) 46

weary, *las, épuisé* 120

weather, *le temps* (qu'il fait) 34

weed (to), *désherber* 98

welcome (to), *accueillir* 38

welcome (to), *accueillir favorablement* 130

wet, *mouillé* 146

whale, *baleine* 30

when, *quand* 54

whenever, *chaque fois que* 50

wherever, *où que ce soit... que* 24

while, *pendant que* 100

whip, *un fouet* 189

whip (to), *fouetter* 188

whistle, *un sifflet* 178

white, *blanc* 16

whizz (to), *siffler* (comme un projectile) 44

wide, *large, vaste* 70

widely read, *cultivé* 178

widow, *une veuve* 52

widower, *un veuf* 150

wife (pl. wives), *épouse* 42

wildly, *farouchement, sauvagement* 50

willing to, *disposé à, consentant* 50

wily, *rusé, matois* 122

win, won, won (to), *gagner* 50

wipe (to), *essuyer* 46

wire, *fil de fer* 100

wish (to), *souhaiter* 30

wisp (of hair), *une mèche de cheveux* 14

withdraw, withdrew, withdrawn (to), *retirer, extraire* 18

within reach, *à portée de* 56

without, *sans* 114

wonder (to), *s'étonner, s'émerveiller* 38

wood, *du bois* 32

word, *un mot* 16

world, *le monde, l'univers* 18

worry (to), *se faire du*

IMPRIMÉ EN FRANCE PAR BRODARD ET TAUPIN
Usine de La Flèche (Sarthe), le 20-09-1988.
1375A-5 - Nº d'Éditeur 2329, décembre 1986.

PRESSES POCKET - 8, rue Garancière - 75006 Paris
Tél. 46.34.12.80